AF315490

EXPOSITION UNIVERSELLE INTERNATIONALE

DE 1878, À PARIS.

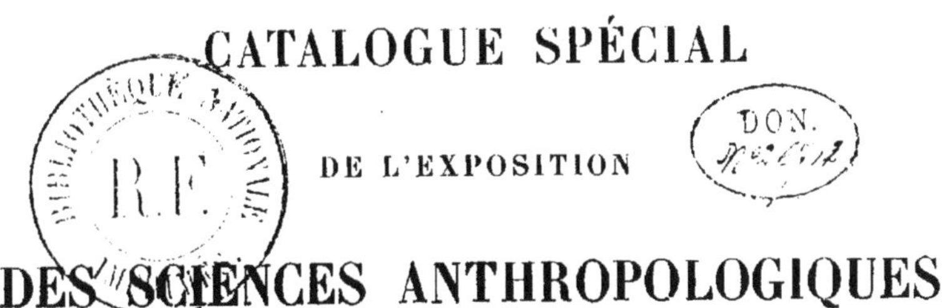

CATALOGUE SPÉCIAL

DE L'EXPOSITION

DES SCIENCES ANTHROPOLOGIQUES.

PARIS.

IMPRIMERIE NATIONALE.

M DCCC LXXVIII.

NOTICE SOMMAIRE.

L'anthropologie est *la science des hommes.*

Les sciences anthropologiques et les sciences médicales sont contemporaines d'origine. C'est dans les œuvres hippocratiques qu'il en faut chercher les assises fondamentales, les premiers rudiments.

Comment s'est-il fait que les sciences médicales aient suivi leur développement naturel, à travers les siècles, tandis que les sciences anthropologiques demeuraient à un état pour ainsi dire latent? Question de *méthode* sans doute; toujours est-il que, superficielles ici, profondes là, entachées d'erreur la plupart du temps, les notions qui s'y rattachent étaient encore, il y a moins d'un siècle et demi, vagues, isolées, sans écho, sans lien.

Avec Buffon, avec Daubenton, Camper, Blumenbach, elles s'élargissent et se précisent. Il y a mieux, elles parviennent à piquer la curiosité. Fruit d'initiatives personnelles, des travaux remplis d'intérêt, mais sans contrôle, se succèdent; puis il se fonde des institutions : Société *ethnologique* de Paris, 1838; société *ethnologique* de Londres, 1844; création d'une chaire d'anthropologie au Muséum d'histoire naturelle de Paris, 1859; création d'une chaire semblable, 1865, à Florence; ultérieurement, ouverture d'enseignements analogues en Allemagne et à Moscou.

Grâce à sa mémorable *Étude sur les caractères physiologiques des races humaines considérées dans leurs rapports avec l'histoire,* William Edwards précipite cette période de lente incubation.

Flourens, Serres, dans leur cours du Muséum, affirment les doctrines anthropologiques. De Quatrefages fait de l'anthropologie l'objet exclusif de son cours.

Le branle à un grand mouvement scientifique est donné. La fondation, en 1859, à Paris, de la Société d'anthropologie en règle les oscillations. L'initiative de cette fondation, sur les bases larges qu'on lui connaît, appartient à M. Paul Broca. Les hommes de science qui répondirent à son premier appel furent MM. Anthelme, Beclard, Bertillon, Brown-Sequart, de Castelnau, Dareste, Delasiauve, Fleury, Follin, Isidore Geoffroy -Saint-Hilaire, **Ernest Godard**, Gratiolet, Grimaux de Caux, Lemercier, Martin-Magron, **Rambaud**, Robin, Verneuil.

Autour de ceux-là, combien d'esprits studieux se sont venus grouper depuis!

De 1859 à 1878, les recherches anthropologiques prennent un essor inattendu.

En 1863, Londres suit l'exemple de Paris, et voici que *the Anthropological Society* et la Société d'anthropologie explorent de concert, dans le domaine de la science, les mêmes horizons.

En 1861, à Gœttingue, quelques anthropologistes s'unissent à Baer et à Wagner en vue d'établir les premiers linéaments d'un programme d'études.

En 1865, à Brunswick, commencent à paraître les *Archives allemandes d'anthropologie*.

Aujourd'hui, Berlin, Cracovie, Florence, la Havane, Madrid, Manchester, Moscou, Vienne, possèdent leur société anthropologique. Enfin, si, depuis 1867, dans ses assises biennales, le *Congrès international d'anthropologie et d'archéologie préhistorique*, fondé par M. Gabriel de Mortillet, masse périodiquement, en une seule phalange, les travailleurs de tout pays, depuis 1876, à Paris, l'École d'anthropologie leur dispense, sur les matières afférentes à la science, jeune encore, qu'ils ont embrassée, un enseignement normal et permanent.

Telles sont, au point de vue historique, les phases traversées. Sous le rapport des applications scientifiques, quel est le degré actuellement atteint?

Le 11 janvier 1877, le comité central de la Société d'anthropologie de Paris adopta la proposition de M. Gabriel de Mortillet tendant à l'organisation d'une exposition internationale des sciences anthropologiques et nomma une commission d'initiative chargée des voies et moyens.

Le 18 janvier suivant, la Société d'anthropologie ratifia les délibérations de son comité directeur, et la commission d'initiative pour l'exposition (successivement complétée au fur et à mesure des besoins) se trouva composée comme suit :

Président :

M. DE QUATREFAGES, membre de l'Institut, professeur d'anthropologie au Muséum d'histoire naturelle, ancien président de la Société d'anthropologie.

Vice-présidents :

MM. HENRI MARTIN, sénateur, membre de l'Institut, président de la Société d'anthropologie ;

PAUL BROCA, professeur à la Faculté et membre de l'Académie de médecine, directeur de l'École d'anthropologie, président du Congrès des sciences anthropologiques.

Secrétaire général :

M. GABRIEL DE MORTILLET, attaché au Musée de Saint-Germain-en-Laye, professeur d'archéologie préhistorique à l'École d'anthropologie, ancien président de la Société.

Secrétaires :

MM. le docteur PAUL TOPINARD, professeur d'anthropologie biologique à l'École d'anthropologie, conservateur des collections de la Société ;

GIRARD DE RIALLE, secrétaire sortant de la Société.

Membres résidant à Paris :

MM. BERTILLON, docteur-médecin, professeur de démographie et de géographie médicale, ancien président de la Société ;

BORDIER, docteur-médecin ;

HENRI CERNUSCHI, publiciste ;

ARTHUR CHERVIN, directeur des *Annales de démographie;*

COLLINEAU, docteur-médecin, secrétaire de la Société d'anthropologie ;

DUREAU, docteur-médecin, archiviste de la même Société ;

ABEL HOVELACQUE, professeur d'anthropologie linguistique, secrétaire du comité central de la Société d'anthropologie ;

HENRY, capitaine du génie, délégué à l'exposition de l'Algérie ;

LOUIS LEGUAY, architecte, trésorier de la Société et du Congrès des sciences anthropologiques ;

DE RANSE, docteur-médecin, président sortant de la Société d'anthropologie ;

LOUIS ROUSSELET, secrétaire de la Société d'anthropologie ;

VIOLLET-LE-DUC, architecte ;

WILSON, député.

Membres ne résidant pas à Paris :

MM. ÉMILE CARTAILHAC, directeur des *Matériaux pour l'histoire de l'homme*, à Toulouse (Haute-Garonne) ;

CAZALIS DE FONDOUCE, secrétaire des Congrès internationaux d'anthropologie et d'archéologie préhistoriques, à Montpellier (Hérault) ;

ERNEST CHANTRE, secrétaire des Congrès internationaux d'anthropologie et d'archéologie préhistoriques, à Lyon (Rhône) ;

J. COTTEAU, ancien président de la Société géologique de France, à Auxerre (Yonne) ;

le général FAIDHERBE, sénateur, ancien gouverneur du Sénégal et commandant de la province de Constantine, ancien président de la Société d'anthropologie, à Lille (Nord) ;

ÉMILE GUIMET, président du Congrès international des Orientalistes, à Lyon (Rhône) ;

ÉLIE MASSENAT, à Brive (Corrèze) ;

le docteur PRUNIÈRES, vice-président de la section d'anthropologie de l'Association française pour l'avancement des sciences, à Marvejols (Lozère) ;

JULIEN VINÇON, à Bayonne (Basses-Pyrénées).

Cette commission se mit immédiatement en rapport avec M. le Sénateur Krantz, Commissaire général de l'Exposition ; elle reçut de M. le Commissaire général l'accueil le plus bienveillant. Le 6 avril 1877, M. de Quatrefages recevait en effet la lettre suivante :

Monsieur le Président,

J'ai l'honneur de vous adresser sous ce pli copie de l'arrêté que vient de prendre, sur ma proposition, M. le Ministre de l'agriculture et du commerce, à l'effet d'annexer à l'Exposition universelle de 1878 une exposition des sciences anthropologiques.

C'est à la Société d'anthropologie de Paris, et plus particulièrement à la commission dont vous êtes le président, que revient l'initiative de cette proposition; c'est également, aux termes de l'arrêté ministériel, à cette société savante que reviendra tout l'honneur d'une entreprise dont le succès nous est garanti par les noms mêmes des membres distingués qui composent la commission. Vous pouvez être assuré, Monsieur le Président, que je ne négligerai rien pour vous seconder, ainsi que vos éminents collègues, dans la réalisation d'une œuvre aussi honorable pour la France qu'utile aux progrès d'une science, jeune encore, il est vrai, mais déjà féconde en grands et intéressants résultats.

Veuillez agréer, Monsieur le Président, l'assurance de ma considération la plus distinguée.

Le Sénateur, Commissaire général,

B. KRANTZ.

MINISTÈRE DE L'AGRICULTURE ET DU COMMERCE.

Le Ministre de l'agriculture et du commerce, sur la proposition du Sénateur Commissaire général,

ARRÊTE :

ARTICLE PREMIER. Une exposition des sciences anthropologiques sera ouverte dans les locaux de l'Exposition universelle du 1ᵉʳ mai 1878 au 31 octobre suivant.

ART. 2. L'organisation et l'installation de cette exposition sont confiées à la Société d'anthropologie.

Paris, le 29 mars 1877.

Signé : TEISSERENC DE BORT.

POUR AMPLIATION :

Le Conseiller d'État, Secrétaire général,

Signé : OZENNE.

POUR COPIE CONFORME :

Le Sénateur, Commissaire général,

Signé : KRANTZ.

Complément de l'arrêté ministériel, un règlement spécial concernant l'exposition des sciences anthropologiques parut au *Journal officiel* (24 août 1877).

Aux termes de l'article 1er de ce règlement, il avait, dans le principe, été résolu que « l'exposition des sciences anthropologiques aurait lieu dans la galerie à deux étages qui entoure le pavillon central de l'édifice construit au Trocadéro. » Des difficultés pratiques ayant fait plus tard renoncer au premier projet, il fut question d'affecter à cette exposition le foyer de la salle des fêtes.

Bientôt, en raison de la multiplicité et de l'importance des envois, ce vaste espace même devenait beaucoup trop exigu. Bref, sur la proposition de M. Viollet-le-Duc au Conseil municipal de Paris (janvier 1878), le Conseil, avec sa bienveillance accoutumée pour tout ce qui touche à la science et est un gage de progrès, mit d'*urgence,* et ce, à titre gracieux, à la disposition de M. le Commissaire général, pour servir à l'aménagement de l'exposition des sciences anthropologiques, un terrain mesurant en superficie 1,500 mètres.

Par les soins actifs autant que désintéressés de M. Leguay, un vaste bâtiment, ayant 90 mètres de long sur 15 de large, s'éleva sur ce terrain.

Pour plus de célérité dans l'installation, les autres membres de la Commission se divisèrent la besogne.

M. Broca se chargea de tout ce qui concernait les sociétés d'anthropologie.

Les questions afférentes à l'enseignement incombèrent à M. de Ranse.

MM. Girard de Rialle et Bordier se consacrèrent à l'ethnologie; MM. Dureau et Collineau à la bibliographie; M. Hovelacque aux sujets ayant trait à l'anthropologie linguistique.

La contribution des arts à l'anthropologie regarda spécialement M. Viollet-le-Duc; l'anthropologie générale et la craniologie, M. Topinard; la démographie, la statistique, la géographie médicale, MM. Bertillon et Chervin.

Quant à l'archéologie préhistorique, elle fut, avec le concours de M. Cartailhac pour l'époque des dolmens, celui de M. Chantre pour l'origine des métaux, et celui de M. Henry pour l'anthropologie de l'Algérie, le lot de M. G. de Mortillet.

L'Autriche-Hongrie, représentée par M. von Luschan, le Danemark par M. Sophus Muller, l'Espagne par M. Tubino, la Finlande par M. Aspelin, le Portugal par M. Ribeiro, la Russie par M. Anoutchine, ont prêté à l'œuvre commune des auxiliaires hors prix.

C'est ainsi que, grâce à un unanime concours, l'activité contemporaine des recherches anthropologiques a été en mesure, au cours de l'Exposition internationale de 1878, de se manifester.

Les données scientifiquement acquises sur les problèmes qui ressortissent à l'anthropologie générale anatomique et biologique, à l'ethnologie et à l'ethnographie, à l'anthropologie préhistorique, à la linguistique, à la démographie, ont permis d'ouvrir autant de chapitres aussi substantiels qu'intéressants.

Un mot sur chacun de ces groupes avant de passer à l'indication des objets exposés.

Par *anthropologie générale,* il convient d'entendre l'étude analytique des

caractères anatomiques, biologiques, pathologiques considérés corrélative-
ment dans la série animale et dans le groupe humain, selon les temps, les
milieux et les races. C'est l'histoire naturelle de l'homme à proprement
parler. L'anthropométrie, la craniométrie, la cérébroscopie, l'étude de la
coloration de la peau, des cheveux et des yeux, celle des influences mésolo-
giques, celle des croisements, la tératologie, la psychologie, en constituent
les traits fondamentaux.

Les 20 échantillons d'anthropoïdes, les 28 squelettes d'homme adulte de
race différente, les 1,600 à 1,800 crânes, dont 230 préhistoriques et 44 provenant d'assassins, les 48 pièces préparées soit par voie de moulage, soit
par voie de conservation et résumant, dans toute la classe des mammifères,
l'histoire des circonvolutions cérébrales, les 98 bustes de toute race, les
photographies, les moulages, les tableaux chromatiques, une collection de
cheveux, — la plus complète qui ait été encore rassemblée; — les 11 crânes
et les 7 bustes microcéphales, les 3 scaphocéphales, les précieuses collections de synostoses prématurées du crâne, de blessures osseuses produites
au moyen de silex taillés en flèche, une collection non moins riche et non
moins curieuse de perforations intentionnellement pratiquées sur la boîte
osseuse du crâne dans les temps les plus reculés, tout l'arsenal des instruments usités tant en France qu'à l'étranger pour les mensurations du crâne,
de la face, des membres et du tronc, tous ces matériaux rangés dans les
galeries de l'exposition des sciences anthropologiques : à coup sûr, voilà de
quoi soulever et pénétrer bon nombre des complexes problèmes que l'histoire naturelle de l'homme comprend.

Les données fournies par l'anatomie, la pathologie et la biologie constituent la base fondamentale de l'anthropologie proprement dite.

Il y a plus, à leur exclusion, il n'est, pour la généralité des déductions
anthropologiques, nulle garantie de sécurité. On l'a compris, et c'est de
cette vérité qu'on est parti pour instituer la méthode selon laquelle, désor-
mais, se poursuit toute recherche digne de ce nom.

Là est le secret, sans doute, du développement soudain que l'anthropologie a pris depuis tantôt vingt ans; là est celui de la rapidité étonnante de
ses progrès. Là aussi se trouve la justification plénière de l'extension
accordée, et dans les recueils, et dans les discussions, et dans les musées,
et dans les galeries de l'exposition, aux sujets d'ordre anatomique.

L'anatomie humaine comparée ne saurait, pour l'anthropologiste, faire
l'objet de trop sérieuses méditations.

Cette opportunité cache un écueil. L'appropriation à l'étude de l'histoire
naturelle de l'homme des documents dont l'anatomie, la pathologie et la
biologie sont riches, implique sur cet ensemble de matières des connaissances
préalables. Il n'est pas loisible à quiconque de s'y livrer. Et puis, les études
de ce genre sont ardues. Elles ont un cachet de spécialité et parfois, il faut
bien le dire, des aspects peu engageants.

D'un abord plus facile, séduisantes au suprême degré à cause du pitto-
resque qui s'y attache, incessamment piquantes pour la curiosité à cause
de la diversité des horizons qui y contrastent, essentiellement vivantes parce

qu'elles saisissent l'être humain en plein déploiement d'activité, sont les considérations ethnologiques.

Entre les sciences biologiques et les sciences sociales proprement dites, l'*ethnologie* est le trait d'union.

L'ethnologie étudie l'homme en tant qu'individu et que collectivité. Par suite, elle a à fournir à l'anthropologie générale un considérable appoint.

Pour ce qui est de représenter l'homme évoluant avec naturel, dans son cadre accoutumé, et se livrant avec aisance à ses labeurs de chaque jour, les pays scandinaves ont atteint un degré d'enviable perfection. Les spécimens de ce genre qui figurent à l'exposition sont instructifs à plus d'un titre. Pour la détermination des origines et la piste des migrations, en effet, combien de précieux indices révèle le costume! Une similitude de coupe, une broderie, un ornement, trahissent, ici, une analogie de mœurs; là, une affinité de race; ailleurs, une expression identique de la religiosité. Tandis, par exemple, que certains costumes polonais offrent une ressemblance frappante avec ceux des populations bretonnes, les Tatars blonds de Kazan, tout en présentant le type finnois, se montrent vêtus à l'orientale, comme pour affirmer les aspirations asiatiques profondément enracinées dans leur esprit.

Les industries locales : ustensiles, objets d'art, bijoux, tentures, armes de chasse, de parade ou de combat, dénotent, selon leur provenance, telle aptitude maîtresse, telles coutumes, tel degré et telle nature de civilisation.

De la sorte, il est des dissemblances, des caractères de race qui s'accusent et deviennent singulièrement saillants. Ainsi, l'arme favorite du Papou, c'est l'arc. Eh bien, l'arc paraît totalement inconnu au Polynésien.

Au nombre des objets les plus curieux, il faut citer les spécimens d'anciennes habitations du nouveau Mexique et de l'Arizona. Leur disposition révèle un état social tout particulier chez les tribus dont les Pueblos, les Pimas et les Moquis sont les modernes représentants. Elles consistaient dans des sortes de forteresses édifiées dans les anfractuosités des falaises de la région.

Au point de vue des origines et des migrations, il y a à signaler encore, comme comportant de précieuses informations, une collection de débris de coquilles recueillies en Californie et de tout point semblables, quant à la nature, aux *Kyœkkenmoedding* du Danemark.

Certaines poteries, — des poteries galiciennes modernes, notamment, — acquièrent, en raison de leur forme et de leur ornementation qui sont celles des temps préhistoriques, un intérêt tout particulier.

Les riches collections photographiques de types observés (Autrichiens, Polonais, Kabyles, Américains, Polynésiens, Chinois, etc.) n'en offrent pas un moins saisissant.

Quant à l'*ethnographie proprement dite*, elle fournit, grâce aux cartes dressées par divers explorateurs, un contingent de documents de première main, de documents éminemment instructifs et ayant le rare mérite d'être absolument inédits.

Tout, depuis la céramique des Berbers, les instruments de musique des Maures et des Yolofs, les gris-gris des Toucouleurs, les armes de jet en fer propres aux Touaregs, jusqu'à la *stéatopygie* et les curieux dessins sur roches des Boschismans, jusqu'aux haches de jade si soigneusement polies des Polynésiens, aux casse-tête néo-calédoniens, aux étrangetés chinoises attestées, par parenthèse, par une pièce anatomique aussi rare que curieuse : le squelette d'un pied de Chinoise déformé, jusqu'aux splendeurs artistiques de ce génie indou qui plane, mystérieux, sur les civilisations, tout ce qui, de la part de l'intellect humain, dénote un effort, prouve l'action, signale une tendance regressive ou progressive, tout cela est du ressort de l'ethnologie. Et l'ethnologie est une science dont l'anthropologie générale tient (il suffit pour s'en convaincre de jeter un coup d'œil sur les galeries de l'exposition) un compte des plus sérieux.

L'étude du mode rétrospectif de cette infatigable activité humaine n'est pas, pour l'anthropologiste, un moins impérieux besoin. Ce besoin a reçu satisfaction. Il y a été fait droit par la création de toutes pièces d'une science, — l'*Archéologie préhistorique* ou *paléoethnologie,* — largement représentée à l'exposition.

La présence dans les assises inférieures du terrain tertiaire moyen d'ossements brisés, de mâchoires de rhinocéros, d'os de cétacés profondément entaillés, de silex surtout, portant des retailles très nettes, et les traces irrécusables de l'action du feu, démontrent la contemporanéité de l'époque tertiaire et du précurseur de l'homme.

Quant à l'existence de l'homme lui-même à l'époque quaternaire, elle n'est plus, aujourd'hui, à mettre en doute.

Que l'on porte sur les galeries de l'exposition un examen quelque peu attentif, et, sur ce point, la conviction se fera catégorique.

Les documents, ici, gisent, avant tout, dans la faune.

Au début de l'époque quaternaire, le climat a été relativement chaud. C'est le temps de l'*Elephas antiquus* et du *Rhinoceros Merkii.* A cette température douce en a succédé une autre plus froide. L'*Elephas primigenius* (Mammouth) et le *Rhinoceros tichorhinus* font leur apparition, protégés par leur toison de laine et de crins. Le climat de nos contrées était alors humide et froid. Plus tard, il se réchauffe, et puis redevient froid, mais très sec, et le renne ainsi que le saïga prolifèrent à foison sous notre ciel. Voilà ce que prouvent jusqu'à l'évidence ces documents. La conchyliologie et la flore les viennent, par surcroît, corroborer.

Chose digne de remarque, à chaque oscillation climatérique correspond une modification dans l'industrie. Ainsi, l'instrument en pierre amygdaloïde, taillé des deux côtés (industrie dite de *Chelles* ou de *Saint-Acheul*), marque la période de température chaude. Les pointes de silex et les racloirs retaillés d'un seul côté (industrie dite du *Moustier*) marquent la période glaciaire. Ensuite, le silex est taillé avec un très grand art. C'est l'époque de l'industrie dite de *Solutré,* contemporaine de l'adoucissement momentané de la température, et se distinguant par les pointes de silex finement taillées des deux côtés et aux deux extrémités. Puis, l'industrie de Solutré tombe en décadence pour faire place, avec l'âge du renne, à l'industrie dite *Magdalénienne,* caractérisée par les instruments en bois de renne, en ivoire et en os.

A cette époque, le sentiment de l'art se prend aussi à s'éveiller. Et les sculptures sur pierre, sur bois de renne, sur os et sur ivoire, qui nous sont parvenues à travers les temps, répercutent jusqu'à nous la trace de ses primitives, de ses naïves inspirations.

A l'âge de la pierre taillée succède celui de la pierre polie : période néolithique.

Les stations de l'âge du renne renferment en abondance les débris des animaux de l'époque : lion, ours des cavernes, hyène, renard polaire, mammouth, etc. Quant aux restes du renne, une seule grotte, en Suisse, en contenait de quoi reconstituer 250 individus ; une autre, dans les Pyrénées, 4,000.

Avec la période néolithique, tout change. Les gisements ne livrent aucune trace de ces espèces, et parmi les monceaux d'ossements de cerf qui y abondent, on ne trouve *pas un seul* fragment de renne. S'il est un fait caractéristique, c'est celui-là, et il montre la distance, — au point de vue géologique en particulier, — qui sépare l'âge de la pierre polie de l'âge du renne proprement dit.

La domestication des animaux, la création de l'agriculture, l'invention de la poterie, par-dessus tout l'usage de la hache en pierre polie, impriment à cette période son cachet : cachet tellement tranché, tellement distinct de celui des civilisations existant antérieurement dans nos contrées, que force est bien d'admettre la civilisation de la pierre polie comme ayant été importée toute constituée de lointaines régions.

Ces ténébreuses époques ont-elles été du moins une ère de longue paix ? Hélas ! c'est à elles que correspondent ces os humains dans lesquels on peut voir encore enchatonnée la pointe en silex des flèches de l'ennemi ; c'est durant leur cours qu'ont été creusés ces immenses ossuaires, trace funèbre de sanglants combats.

C'est aussi à ces temps que remonte l'édification des monuments mégalithiques : ces cryptes funéraires sous tumulus, dont les dolmens du Morbihan, de la Vienne, du Lot, de la Lozère, de l'Aveyron, de l'Ardèche, du Gard, du Tarn, de l'Hérault, possèdent des types si remarqués ; ces allées couvertes, creusées à fleur de sol et cachées sous roches, comme on en rencontre en Provence, et desquelles on extrait un mobilier funéraire si varié.

Dans les cités lacustres, où apparaît dans sa clarté l'aspect de ces temps-là, on voit l'industrie néolithique s'évanouir devant l'invasion du métal.

Le bronze prend sa place, d'abord dans les parures, puis dans les couteaux, dans les poignards et dans les haches.

L'or se mêle au bronze. Qui sait, dans les applications industrielles ou artistiques, l'or, peut-être, a-t-il été le devancier ?

Le fer, à son tour, détrône le bronze. Il apparaît avec une civilisation toute nouvelle : la civilisation dite *d'Hallstatt* (du nom d'un célèbre cimetière autrichien), dont les tumulus de Belgique, de Suisse, de France, renferment les sépultures, et à laquelle, parfois, se mêlent les traces du mouvement artistique habituellement désigné sous la dénomination *d'art étrusque.*

A cette époque, et dérivant d'elle, a succédé l'époque gauloise, le long espace de temps occupé par les Gaulois d'avant la conquête.

Enfin, la période romaine clot la série des temps durant lesquels l'être humain n'a d'autre histoire que les vestiges des labeurs que la lutte pour l'existence lui a imposés. Et ce sont ces vestiges séculaires que l'anthropologiste recueille, coordonne et classe; c'est à eux qu'il s'adresse, — témoins irrécusables, — pour éclairer la nuit d'une incommensurable antiquité.

Les commotions telluriques, la faune, la flore, les débris d'industries éteintes, le reflet d'un rayonnement de l'art, les traces de profonds déchire-ments sociaux, voilà les sources auxquelles s'alimente la préhistoire. Si vivi-fiantes soient-elles, ces diverses sources seraient insuffisantes à tout fertili-ser, s'il n'en existait une encore, intarissable, celle-là.

Quoi de plus typique du genre *homo* que le langage? Et dans chacun des groupes qui composent le genre, quel signe, plus distinctement que le génie de la langue, révèle le génie propre à la collectivité?

Les informations que l'archéologie préhistorique emprunte à la *linguis-tique* sont le complément nécessaire de celles qu'elle a pu acquérir par ail-leurs; et c'est sur cet ensemble que l'anthropologie générale fonde ses con-clusions.

Exemple : Tout récemment, un crâne de Galtcha est rapporté de Pamir. Quel intérêt peut bien s'attacher à cette pièce anatomique? Un intérêt consi-dérable. Voici : Les Galtchas et les Tadjicks des vallées du Pamir, c'est un. Ce sont eux qui constituent les représentants les plus certains de l'ancienne race iranienne. D'autre part, les populations auxquelles César s'est heurté dans la Gaule centrale étaient d'origine asiatique. Elles avaient fait irruption en Europe au temps de la pierre polie. Le type le plus pur du crâne de cette race brachycéphale, se donnant pour *celte,* est le type savoyard. Or, le crâne de Galtcha trouvé dans le Pamir présente, avec le crâne savoyard, des ca-ractères de similitude frappants.

L'anatomie humaine comparée dénote donc, — autant qu'il est permis d'exciper d'un fait isolé, — entre le représentant du Celte et le représentant de l'Iranien, des liens d'étroite parenté.

Que fait à son tour la linguistique? Elle confirme les données anatomi-ques. Elle admet que, des trois races dont le mélange a été le berceau de la nationalité française, la seconde, ou celtique, est originaire, par la langue autant que par le sang, de l'Asie centrale.

Ces singulières analogies de goût, d'aptitudes, de compréhension artisti-ques que l'on remarque chez des nations n'ayant en apparence rien que d'éloigné (analogies dont les exemples pullulent dans les galeries de l'expo-sition), eh bien! la linguistique nous les montre en concordance avec une communauté originelle du langage.

La nature a établi comme une tacite alliance entre ces populations.

Des cartes teintées délimitant par régions, langues et dialectes, font re-vêtir à la linguistique un aspect vraiment démonstratif et d'une saisissante curiosité.

L'anthropologie n'a pas à se piquer de platonisme. Rien de ce qui touche l'homme ne saurait lui rester étranger. Reconstituer les conditions d'existence de l'être humain dans le passé est œuvre d'un intérêt de premier ordre; mais il y a aussi à s'inquiéter de ces mêmes conditions d'existence dans le présent. Aussi bien, nul, de nos jours, n'est en droit de s'abstraire de l'actualité.

Une urgence s'impose. La *démographie* y satisfait. Elle suit les mouvements intimes des peuples. Elle en dévoile le mécanisme. La statistique est son procédé.

Des tableaux graphiques extrêmement ingénieux servent à fixer l'étiage des naissances, des mariages et des décès, non seulement pour le moment courant, mais encore pour un laps à échéance reculée. Sans rien exagérer on peut le dire : au degré où ces laborieuses études sont parvenues, grâce à ces cartes qui rendent sensibles à l'œil les rapports numériques au moyen desquels on se rend compte des faits sociaux, il est, dans une certaine mesure, devenu possible de prévoir l'avenir des populations.

En matière d'anthropologie, enfin, la littérature est déjà riche. Les ouvrages (recueils, livres ou brochures) rangés dans la vitrine-bibliothèque de l'exposition atteignent un chiffre imposant.

C'est là qu'on en est. Étayer sur des arguments irrésistibles les conclusions; évoquer à l'appui des hypothèses la matérialité des faits, avancer sans précipitation, afin d'avancer avec sécurité, voilà, dans sa rigueur, le programme.

Est-il besoin d'y insister? chacune des vues scientifiques sur lesquelles il vient d'être jeté un coup d'œil sommaire repose sur des preuves objectives; et l'exposition des sciences anthropologiques n'est autre que l'exhibition des preuves objectives sur lesquelles les doctrines reposent.

L'affirmation, la négation, le doute, trouvent, dans la constatation comparative des faits, leur raison de se manifester. Ils sont également maîtres de se produire, assurés qu'ils sont toujours d'un accueil dont la bienveillance n'a d'égale que leur sincérité.

A coup sûr, il reste encore un long chemin à parcourir. De difficiles problèmes demeurent irrésolus. De patientes études sont à entreprendre, de subtiles expériences à instituer, de scrupuleuses observations à recueillir, des disparates à confronter. Des théories adverses s'entre-choqueront, la controverse s'animera, l'opposition prendra corps.

Agitation salutaire.... Sous cet aiguillon, la spontanéité s'érige, l'esprit de recherche s'éveille, la dialectique s'assouplit.

Au demeurant, l'anthropologie n'aura pas, un seul instant, perdu de vue son objectif.

Le regard respectueusement fixé sur le passé, elle aura continué de fouiller le vaste champ qu'elle s'est ouvert.

Le regard curieusement fixé sur l'avenir, elle scrutera avec une attention extrême, elle colligera avec un soin jaloux les phénomènes naturels, et cette voie lumineuse que la Nature lui ouvre, elle se gardera de la déserter.

La liberté d'examen dont elle y jouit est absolue; elle en usera.

Elle suivra pas à pas, dans ses transformations successives, le génie humain, et s'évertuera à pénétrer le secret de sa progressive évolution.

EXPOSITION UNIVERSELLE INTERNATIONALE

DE 1878, À PARIS.

CATALOGUE SPÉCIAL

DE L'EXPOSITION

DES SCIENCES ANTHROPOLOGIQUES.

I.

SOCIÉTÉS FRANÇAISES ET ÉTRANGÈRES.

Société d'anthropologie de Paris, rue de l'École-de-Médecine, 15. — Tableau statistique de son développement. — Son diplôme et ses médailles. — Ses *Bulletins* et ses *Mémoires*. — *Revista de Anthropologia* de la Société anthropologique espagnole. — *Zeitschrift für Ethnologie* de Virchow, Bastian et Hartmann pour la Société berlinoise d'anthropologie. — *Archivio per l'Anthropologia* du docteur Mantigazza, pour la Société italienne d'anthropologie. — Tête préparée par les Indiens Divaros. — Un crâne yoloff du Sénégal. — Un crâne de Touca du Sénégal. — Photographies d'Égyptiens.

Broca (Dᵣ P.), professeur à la Faculté de médecine, à Paris, rue des Saints-Pères, 1. — Diplôme de la Société anthropologique espagnole.

École d'anthropologie, à Paris, au local de la Société d'anthropologie, rue de l'École-de-Médecine, 15. — Programmes et affiches des cours. — Tableaux d'enseignement des cours de MM. Broca, Topinard, Dally, de Mortillet et Bertillon.

Leguay (L.), architecte, à Paris, rue de la Sainte-Chapelle, 3. — Cartes de la Société d'anthropologie de Paris.

Mortillet (G. de), professeur à l'École d'anthropologie, château de Saint-Germain-en-Laye (Seine-et-Oise). — Photographies des membres du conseil et cartes des sessions du Congrès d'anthropologie et d'archéologie préhistoriques. — Diplôme de citoyen de Bologne accordé à propos de la session de Bologne. — Diplôme des sociétés anthropologiques de Vienne (Autriche), des Amis de la Nature de Moscou (section d'anthropologie, et italienne d'anthropologie).

Nilsson (K.), libraire, à Paris, rue de Rivoli, 214. — Comptes rendus des congrès internationaux d'anthropologie et d'archéologie préhistoriques.

Quatrefages (A. de), membre de l'Institut, professeur au Muséum, à Paris, rue Geoffroy-Saint-Hilaire. — Diplôme de la Société ethnologique de Londres, et affiche du cours d'anthropologie du Muséum. — Emploi des crayons de couleur pour les tableaux d'enseignement.

Topinard (Dᵣ P.), professeur à l'École d'anthropologie, à Paris, rue de Rennes, 97. — Diplôme et carte de la Société berlinoise d'anthropologie et d'ethnologie.

Société anthropologique de Moscou (Russie). — Diplôme en blanc.

SOCIÉTÉ D'ANTHROPOLOGIE ET D'ETHNOGRAPHIE POLONAISE DE PARIS.

(EXPOSITION COLLECTIVE.)

Société d'anthropologie et d'ethnographie polonaise de Paris,
boulevard Saint-Michel, 54. — Série de crânes polonais et des pays limitrophes de la
Pologne, savoir : dix de Mazovie, deux serbes, deux croates, deux bulgares, deux hongrois, deux turcs, deux roumains, deux tziganes, un juif (femme). — Spécimens de
l'industrie des paysans de Galicie : ustensiles de ménage, cannes en bois munies ou non
de hachettes, fleurs artificielles pour la fête des rameaux. — Industries locales de Cujavie:
flûtes en bois, fouets de paysan. — Bronze représentant les armes de Pologne. — Échan-
tillon de sel des mines de Bochna. — Médailles anciennes en bronze, en fer et en
argent doré. — Vingt photographies représentant des types de Ruthènes et de Bessarabie.
— Collection de soixante-cinq photographies représentant différents types polonais. — Deux
costumes de juifs polonais. — Cinq cartes ethnographiques et statistiques concernant la
Pologne.—Carte géographique de l'ancienne Pologne et des pays limitrophes, d'après les
travaux modernes à l'échelle de $\frac{1}{300000}$, 48 planches, grand in-8°, Paris, 1859. — Tableau
craniométrique donnant la mensuration de crânes ruthéniens ou petits-russes, moscovites
ou grands-russes et tchouvaches, par le docteur Kopernicki. — Crânes recueillis dans
les tumulus de la partie orientale de la Galicie (Pokucie), sur la rive droite du Dniester,
plusieurs planches et tableaux : mensurations prises par le docteur Kopernicki. — Ouvrages en polonais : *Antiquités polonaises*, dictionnaire alphabétique, 2 volumes, Posen,
Zupanski, 1842. — *Trésor de notre archéologie*, par Ambroise Grabowski, avec 89 vues,
Leipzig, 1853, grand in-4°. — *Antiquités de Kruszwica, Gnesne et Cracovie*, par Joseph
Lepkowski, Cracovie, imprimerie du Czas, 1866, in-8°. — *Liste des antiquités préhistoriques en Pologne*, par J.-N. Sadowski, 1 fascicule, Cracovie, 1877, in-8°. — *Recueil de
renseignements sur l'anthropologie polonaise*, publié par la Commission anthropologique
de l'Académie des sciences à Cracovie, 1 volume, Cracovie, imprimerie de l'université
de Jagellon, 1877, in-8°. — *Congrès international d'anthropologie et d'archéologie préhistorique*, session de 1874 à Stockholm, par J.-J. Kraszewski (en français), Paris,
librairie du Luxembourg, 1874, in-8°. — *Légendes, traditions antiques et récits populaires*, par Casimir Ladislas Wojcicki, grand in-8°, 3ᵉ édition, illustrée par Andriolli,
Gerson, Kostrzewski, Pilloti, Lypniewski, Witkiewicz, Varsovie, Lewenthal, 1876. —
Vieux contes et vieux tableaux, par C.-L. Wojcicki, Varsovie, 1840, 4 volumes in-8°. —
Esquisses polonaises, par Casimir L. Wojcicki, Varsovie, Max. Chmielewski, 1842,
4 volumes in-8°. — *Sites de la Russie rouge*, par Ladislas Zawadzki, avec dessins de
J. Kossak, Posen, 1869, J.-C. Zupanski, in-4°. — *Revue des points en litige sur la question ruthénienne*, édition avec supplément, par Marian Gorzkowski, Cracovie, 1877,
in-8°. — *Iter floriænense*, par le professeur Ladislas Nehring, sur le psautier de saint
Florian latino-polono-allemand, Posen, J.-C. Zupanski, in-8°, 1871. — *Peuples aryás et
tourazs*, agriculteurs et nomades, par F.-H. Duchinski, Paris, Fr. Klincksieck, 1864,
in-8° (en français). — *La Pologne jusqu'au milieu du XVIIᵉ siècle, mœurs et coutumes*,
par Venceslas-Alexandre Maciejowski, Saint-Pétersbourg et Varsovie, Eggers et Senne-
wald, 1842, 4 volumes in-8°. — *Chansons du peuple ruthène en Galicie*, par Ignace Pauli,
3 volumes, Leopol, Gaston Jablonski, 1839. — *Chansons du peuple de Cracovie*, avec
gravures et musique, Cracovie, 1840, in-8°. — *Chansons villageoises des bords du Nié-
men et de la Dzwina*, Vilna, Joseph Zawadzki, 1844, in-8°. — *Traditions et légendes
polonaises, ruthéniennes et lithuaniennes*, Posen, J.-K. Zupanski, 1845, in-8°. — *Le peuple
ukraïnien*, par A. Nowosielski, Vilna, Th. Glücksberg, 1857, 2 volumes in-8°. — *Les
princesses polonaises de la famille des Jagellons au XVIᵉ siècle*, par Alexandre Przezdziecki,
4 volumes grand in-8°, Cracovie, imprimerie de l'université de Jagellon, 1868. — *Sta-
nislas Moniuszko et la musique nationale*, par Boleslas Wilczynski, Varsovie, Gebertner et
Wolf, 1874, in-8°. — *Dictionnaire des musiciens polonais*, par Alb. Sowivski, Paris,
librairie du Luxembourg, 1874, grand in-8°. — *Grammaire de la langue polonaise*
(phonétique), par Massalski, Paris, Martinet, 1867, in-8°. — *Liste des localités dont les
noms polonais ont été germanisés jusqu'en 1874*, Posen, Zupanski, 1875, in-8°. — *Les
terres polonaises*, leçons de géographie et d'ethnographie, par Julie Selinger, Leopol,
1876, in-8°. — *Renseignements statistiques sur la Galicie*, publiés par le Bureau statis-

tique de la province, 3ᵉ annuaire, 1ʳᵉ livraison, Leopol, 1876, in-4°. — *Cours de littérature slave*, professé au Collège de France par Ad. Mickiewicz, 2 volumes, Paris, Martinet, 1860, in-8°. — *Les récits d'un vieux gentilhomme polonais*, traduit en français par Lad. Mickiewicz, Paris, librairie du Luxembourg, avec eaux-fortes et illustrations de Bronislas Zaleski et Andriolli, grand in-8°. — *Histoire de la Lithuanie et de la Ruthénie* jusqu'à leur union définitive avec la Pologne, conclue à Lublin en 1559, par Joachim Lelewel, Paris, A. Franck, 1861, in-8° (en français). — *Annuaires de la Société des amis des sciences de Posen*, 8 volumes. — *Annuaire de la Société polonaise des sciences de Thorn*, 1 volume. — *La bibliothèque de Varsovie*, 9 volumes. — *Chansons populaires* d'Oscar Kolberg, séries 1, 3, 4, avec dessins et gravures, Varsovie, Jaworski, 1865 grand in-8°. — *Revue d'archéologie polonaise*, 3 volumes, avec nombreuses gravures. Varsovie, Orgelbrand et fils, 1876. — *L'homme préhistorique*, par S. Zaborowski, Paris, Germer-Baillère, 1878, in-16 (en français).

Musée du comte Vladimir Dzieduszycki, à Leopol (Galicie). — Trente-deux costumes nationaux des paysans de différentes contrées de la Galicie.

Musée de la Société polonaise des Amis des sciences de Posen (Prusse). Conservateur : M. H. Feldmanowski. — Moulage des pierres tumulaires de Mikorzyn avec représentation humaine, d'un cheval et des caractères indéterminés. — Huit photographies d'objets en bronze et en fer trouvés à peu d'exception près dans des urnes des environs de Posen, à une distance de 15 milles au plus, consistant en : deux haches plates à rebord droit, épée à poignée pleine avec pommeau circulaire et concave, hache à douille ronde avec anneau, épingle à double tête en spirale, deux bracelets et un torquès en bronze, tranchet, deux faucilles, dont une à bouton, l'autre à languette; trois torquès, bracelet, pendant d'oreilles avec ornementations à pas de vis, cinq aiguilles; épingle à tête plate spirale, trois fibules, trois anneaux, chaînette en bronze, quatre petites spirales, hameçon, deux boutons, groupe en bronze représentant un homme et une femme dansant, trois bracelets en bronze trouvés dans des urnes à Poniec, deux haches plates à rebord droit, épée à poignée pleine avec pommeau circulaire et concave, hache à douille ronde avec anneau, deux épingles, poinçon, lame de poignard à soie, hache plate; spatule étroite et allongée, poignard à poignée pleine avec lame brisée, deux lames de poignard à six rivets, collier en bronze formé de quatorze cercles concentriques, petite plaque ronde en or, anneau en bronze, trouvés dans les tourbières de Rokietnica. — Photographie représentant : brassard-spirale en bronze trouvé dans une urne de Sliwniki, près d'Ostrow (grand-duché de Posen); hache d'arme en bronze; bracelet en bronze à tige ronde, extrémité pointue, trouvés près de Tarnow (Galicie). — Photographie représentant une urne *à visage* trouvée à Lednogor (mars 1873) à un mille de Gniezno. — Photographie d'une divinité indienne trouvée près de Vilno en Lithuanie. — Photographie d'un groupe en bronze doré, trouvé à Sroda (grand-duché de Posen). — Compte rendu des fouilles d'une station préhistorique avec nombreux foyers (couteau en fer au milieu d'objets travaillés en os et en silex), et d'un camp retranché à Pawlowice (Posnanie) avec nombreuses planches, par M. Feldmanowski. 1877.

Musée national polonais de Raperswyl (Suisse). Fondateur-directeur : le comte Ladislas Plater. — Deux urnes avec des ossements calcinés, deux lacrymatoires, quatre petits vases, trouvés dans les fouilles de Mikorzyn (grand-duché de Posen). — Instruments et armes de l'époque de la pierre polie et de l'époque du bronze. — Armes anciennes et ceintures de Perse fabriquées en Pologne à Sluck, tissées en soie, or et argent. — Fac-simile de l'écriture de l'impératrice Catherine II, concernant l'origine des grands Russes. — Photographie d'un cerveau de grand Russe. — Broderie moyen âge. — Vase de Venise trouvé après la bataille de Vienne sous la tente d'un pacha turc (1683). — Tableau ancien à l'huile représentant les costumes et les armoiries des différentes provinces polonaises, quatre oriflammes en tôle (xviiiᵉ siècle) représentant les armoiries des provinces polonaises et des principales villes. — Cinq cents photographies, gravures, eaux-fortes, aquarelles, pastels représentant les différents types populaires de Pologne. — Cinq costumes de paysans et une houppelande de montagnard dans les Karpathes. — Ustensiles de ménage et modèles d'instruments agricoles. — Médaillons en porcelaine, breloques, ustensiles divers et massue en corne de cerf trouvée dans une fouille à Kolo, sur la Warta (grand-duché de Posen).

Musée de la Société polonaise des sciences de Thorn (Prusse). — Cinq plans de cimetières préhistoriques de Goscieradz, de Jablowko, de Nawra et de Skurcz, dressés et décrits par M. Ossowski en 1876. — Collection d'urnes funéraires la plupart *à visage*, avec ossements calcinés et objets de métal provenant de fouilles récentes faites dans les tumulus à chambre de pierre rencontrés sur les deux rives de la Vistule : urne noire *à visage*, avec yeux et bouche, richement ornée, avec fragments de couvercle : trouvée à Goscieradz, district de Bromberg; urne ronde et ornée, avec couvercle plat, tout uni : déterrée à Goscieradz; urne allongée recueillie à Goscieradz; urne noire évasée avec dépression circulaire sur le fond à l'intérieur, fragments d'objets en bronze avec les os : déterrés à Kloce, près d'Orliki, district de Chojnice; urne avec représentation symbolique des parties sexuelles de la femme : déterrée à Golmkow, district de Kartuz; urne *à visage*, avec yeux incrustés d'une matière calcaire et avec sourcils, rois anneaux en bronze à l'oreille avec perles en verre bleu et en résine fossile; couvercle ornementé de lignes en points incrustés de matière blanchâtre : déterrés à Matarni, district de Danzig; urne rouge *à visage* sans yeux, ornée d'un cercle de lignes : déterrée à Matarni; urne brune *à visage* avec dépression circulaire en forme d'yeux et couvercle orné de dépressions linéaires : déterrée à Matarni; urne noire avec couvercle orné de séries de lignes en points et de caractères d'aspect runique (extrêmement rare) : déterrée à Kwaszyn, district de Wejherow; urne noire, petite, richement gravée, avec couvercle et inscrustation d'une matière calcaire : déterrée à Bojany, district de Wejherow; vase cylindrique ayant servi d'urne funéraire : déterré à Czystochlebie, district de Thorn; urne brune *à visage*, avec yeux, sourcils et oreilles ornées chacune de trois anneaux en bronze à droite et perles en verre bleu et en ambre à droite et à gauche; urne rouge avec lignes gravées en creux symétriquement, dans l'intention de rappeler symboliquement le visage humain : déterrée à Oxywie, district de Wejherow; urne rouge *à visage* sans yeux, avec représentation d'un collier avec fermoir gravé en creux et en relief, et représentation en relief au-dessous de l'oreille droite d'un objet horizontal indéterminé : déterrée à Oxywie; couvercle noir d'une urne avec points en cercle et lignes gravées en creux : déterré à Radyszew, district de Wejherow; grande cruche noire, richement gravée, et vase d'argile, rappelant l'époque mérovingienne : trouvés sur les bords du Goplo et à Hohendorf, district de Sztum. — Photographie d'une urne *à visage*, polie, avec des anneaux et un collier en fer : déterrée à Goscieradz; fragment d'une urne noire et ornée, avec représentation d'un cavalier à cheval : déterré à Jablowko, district de Swiec; fragment de couvercle d'une urne détruite avec représentation d'un cavalier à cheval : trouvé à Jablowko; couvercle noir et orné d'une urne détruite : déterré à Jablowko; soucoupe ayant tenu lieu d'urne funéraire : déterrée à Buchwald, district de Sztum; collection d'objets divers en bronze, en fer, en argile, en os et en ambre, trouvés dans des urnes funéraires ou à côté et comprenant des épingles, bracelets, broches, colliers, boucles d'oreilles, pendeloques, anneaux, pinces, pesons, amulettes et un serpent en fer; intruments de l'époque néolitique en silex, pétrosilex amphibolique et talqueux, diorite altéré et talqueux, amphibolite, micacite amphibolique, euphotite, et des haches en bronze à manche et à douille; un grand anneau creux en bronze; trois sceaux moyen âge de différents starosties de Pologne; triptique de campagne portatif en bronze, trouvé sur le champ de bataille de Grunwald (1410).

Musée du comte Jean Zawisza, à Varsovie (Pologne). — Ossements travaillés, amulettes et objets en ivoire, trouvés dans la caverne du Mammouth, près de Cracovie : Côte de mammouth avec un manche arrondi; breloque en ivoire, ornée de sept entailles en cercle; amulette en forme de cœur en ivoire, ornée de deux côtés de huit entailles; plusieurs amulettes petites ayant le côté gauche plus gros que le côté droit; lamelle en ivoire ornée de huit rangées de points de grandeur différente, et percée de trois trous; lamelle en ivoire en forme de petit sabot de cheval; une petite pièce ronde en ivoire se terminant en biseau, percée du côté opposé, ornée de quelques entailles; plusieurs morceaux d'ivoire usés par le frottement et terminés en pointe. — Côte de renne ouvrée; bois de renne taillés en fer de lance avec des entailles; pointe obtuse pour détacher les peaux; pièce plate ayant servi d'épingle à cheveux; petit poinçon en os de renne, orné de très-petites entailles sur les bords; dent de cheval percée deux fois après que le premier trou a été cassé; trois dents incisives de l'ours des cavernes; une astragale percée de l'ours des cavernes; un radius de l'ours des cavernes taillé en biseau; un os penien entier et très grand de l'ours des cavernes, ainsi que plusieurs morceaux trouvés dans les foyers, ayant dû servir d'emblème de la force virile et avoir été portés par les troglodytes. — Dents d'élan, de loup et de renard polaire percées; un os d'échassier orné d'entailles de tous les côtés et un petit poinçon en os de renne. — Plusieurs grandes pièces en ivoire, en forme de bout de lance (extrêmement rare). — Nombreux silex taillés, types Moustier et Saint-Acheul, hache polie en diorite et marteau-hache en serpentine provenant de la caverne du Mammouth.

Bukowski (H.), antiquaire du roi de Suède, à Stockholm. — Deux agrafes en vieil argent, deux bagues dont une en or du xi° siècle.

Chudzinski (T.), préparateur du laboratoire d'anthropologie de l'École des hautes études, secrétaire général de la Société d'anthropologie et d'ethnographie polonaise de Paris, à Paris, rue Dupuytren, 5. — Anatomie comparée des circonvolutions cérébrales, publiée dans les mémoires de la Société polonaise des sciences exactes de Paris, avec neuf planches doubles et nombreuses vignettes intercalées dans le texte. 1878.

Ciszkiewicz (T.), ingénieur civil. — Carte statistique comparative de l'empire russe, au point de vue ethnographique, puisée aux sources de l'état-major général russe. 1878.

Czarkowska (Comtesse M.). — Pointe de flèche triangulaire en bronze, trouvée en 1876 dans un tumulus de Sapohow, situé sur les bords de Cyganka, district de Borszczow, en Padolie galicienne, avec onze autres flèches, un crâne, des os, un médaillon en bronze, rond, avec deux trous, et représentation d'un soleil à huit rayons et soucoupe en bronze avec représentation d'un mouton.

Detlof (A.), architecte, à Paris, rue de l'Abbé-de-l'Épée, 18. — Deux grandes tapisseries du xvii° siècle.

Duchinski (F.-H.), président de la Société d'anthropologie et d'ethnographie polonaise de Paris, à Paris, boulevard Saint-Michel, 54. — Cartes hydrographiques, ethnographiques et statistiques, représentant la place des Moscovites (grands Russes) parmi les Aryas et les Tourans.

Duchinska (Mme Séverine), de la Société de géographie de Paris, à Paris, boulevard Saint-Michel, 54. — Six gravures représentant les hommes illustres de Pologne.

Gasztowtt (V.), professeur d'histoire et de littérature, membre du comité central de la Société d'anthropologie et d'ethnographie polonaise de Paris, à Paris, rue Nollet, 81. — Huit photographies représentant les types de paysans des environs de Posen; douze photographies représentant les types des environs de Vilno.

Godebski (C.), artiste sculpteur, à Paris, rue de la Procession, 48. — Haut-relief de faïence émaillée, mesurant une longueur de 3 mètres sur une hauteur de 35 centimètres et comprenant cinquante-cinq types en pied coloriés sur fond or des habitants de l'Europe et de l'Asie.

Goldstein (É.), secrétaire de la Société d'anthropologie et d'ethnographie polonaise de Paris, à Paris, rue de Vaugirard, 60. — Deux vases rouge brique ovales, avec représentation en relief noir de figures humaines et d'animaux divers. — Carte linguistique de différentes provinces de l'ancienne Pologne.

Gorecka (Mme M.), à Paris, rue Pigalle, 2. — Deux statuettes en bronze représentant des types polonais.

Gostynski (L.), professeur de physique et de chimie à Sainte-Barbe et à l'École spéciale d'architecture, membre du comité central de la Société d'anthropologie et d'ethnographie polonaise de Paris, à Paris, rue des Rosiers, 2 *bis*. — Carte orographique des provinces de l'ancienne Pologne.

Gregorowicz (C.), homme de lettres, à Paris, rue Jacquemont, 16. — Deux costumes de paysans de Sandomir (Pologne).

Landowski (Dr É.), vice-président de la Société d'anthropologie et d'ethnographie polonaise de Paris, à Paris, rue Chaptal, 31. — Fac-simile des instruments en pierre de Danemark pour servir comme terme de comparaison avec ceux de Pologne. — Cinq instruments de musique. — Tableau à l'huile de Matejko représentant un gentilhomme polonais, un enfant et l'intérieur d'une maison du xvi° siècle.

Landowska (Mme), à Paris, rue Chaptal, 31. — Deux statuettes mexicaines.

Merwart (P.), artiste peintre, à Paris, rue Furstenberg, 7. — Tableau à l'huile représentant les principaux types de Pologne.

Mickiewicz (L.), libraire-éditeur, à Paris, rue de Tournon, 16. — Quinze médaillons de types polonais, dont sept en bronze, par David d'Angers.

Mikulska (Mlle I.), artiste peintre, à Paris, rue de Clichy, 64. — Trois tableaux fusains représentant : musiciens ambulants d'Ukraine, danse nationale des paysans d'Ukraine, intérieur d'un ménage de paysans d'Ukraine. — Costume d'une fille d'Ukraine.

Mioduszewski (J.), artiste peintre, à Paris, rue de la Sourdière, 29. — Deux tableaux à l'huile représentant un jeune Cracovien, et paysage avec des types de paysans ukrainiens.

Misztowtt. — Sabre polonais dit Karabella. — Canne avec hachette en acier du xviii° siècle représentant l'aigle de Pologne.

Nabielak (L.), ingénieur des mines, membre du comité central de la Société d'anthropologie et d'ethnographie polonaise de Paris, avenue des Chasseurs, 16. — Carte géologique de l'ancienne Pologne. — Un médaillon en bronze représentant le poète polonais Slowacki. — Six photographies représentant les montagnards de Karpathes.

Oleszczynski (A.), artiste graveur, membre de l'Académie de Florence, à Paris, rue Saint-Jacques, 187. — Deux albums ethnographiques de 350 dessins concernant les différents pays de l'ancienne Pologne. — Trois médailles en bronze représentant l'effigie des rois de Pologne et les armoiries des provinces polonaises. — Collection de treize tableaux anciens et modernes représentant les hommes illustres de la Pologne et les armoiries de leur époque. — Canne en bois sculpté servant de flûte. — Fac-simile d'une mappemonde gravée sur airain, antérieure à la découverte de l'Amérique et faisant partie du musée Borgia. — Cinq médaillons en plâtre de types polonais.

Pilinski (A. et S.), artistes paléographes, à Paris, place de la Sorbonne, 4. — Deux lacrymatoires en verre. — Petite cruche élégante avec ornementation linéaire en forme de feuilles. — Lampe en terre du xiii° siècle. — Trente-quatre médailles polonaises rares, grand module. — Deux tableaux et treize gravures coloriées du xvii° siècle représentant les villes principales de Pologne, avec armoiries et types. — Costumes et types polonais de toutes les époques de Matejko. — Instruments en pierre polie et en obsidienne.

Rakowska (Mlle E.), artiste peintre, à Paris, rue Saint-Dominique, 108. — Trentequatre aquarelles représentant les types de paysans des provinces polonaises.

Tomaszkiewicz (É.), architecte, à Paris, avenue du Roi-de-Rome, 14. — Tableau à l'huile représentant un cavalier polonais, par Sokolnicki.

Wislocka (Mlle A.), artiste peintre, élève de Robert Fleury, à Paris, rue de Seine, 12. — Quatre pastels représentant les types de paysans des environs de Cracovie. — Trois costumes de paysans de Cujavie (Pologne).

Zaborowski (S.), de la Société d'anthropologie de Paris, membre du comité central de la Société d'anthropologie et d'ethnographie polonaise de Paris, à Paris, rue des Dames, 41. — Nombreux silex taillés provenant des Deux-Sèvres.

Zmigrodzki (M.), hommes de lettres, à Paris, boulevard Saint-Germain, 91. — Huit albums de dessins représentant des objets préhistoriques du musée archéologique de l'Académie de Cracovie, de la Société polonaise des sciences de Thorn, et des Amis des sciences de Posen.

Zychlinski (S.), à Posen, rue de Berlin, 11. — Un fusil du xviii° siècle à crosse d'ivoire sculptée et ornée d'or. — Cinq pièces de différentes armes du xviii° siècle montées en bois de noisette et portant sur les crosses les lettres : S. A. R. (Stanislas-Auguste Rex), avec les couronnes royales.

II.

FRANCE.

ANTHROPOLOGIE GÉNÉRALE ET BIOLOGIQUE.

Albespy (D^r), à Rodez (Aveyron). — Seize crânes d'Aveyronnais modernes d'époques diverses.

Ball (Dr B.), professeur à la Faculté de médecine de Paris. — Quatorze crânes aztèques et chichimèques anciens.

Bitot (D^r), à Bordeaux (Gironde). — Collection de cerveaux conservés au moyen de la galvanoplastie. — Coupes cérébrales.

Boissonneau fils, à Paris, rue de la Ferme-des-Mathurins, 21. — Reproduction en émail des couleurs des yeux selon les instructions de la Société d'anthropologie de Paris.

Botteaux, à Paris, rue Croix-des-Petits-Champs., 10. — Collections de chevelures de provenances diverses montrant les résultats obtenus par différents procédés de coloration et de décoloration.

Bouvier, à Paris, quai des Grands-Augustins, 55. — Tête de Néo-Zélandais. — Cinq crânes de nègres du fleuve Congo. — Collection de squelettes de singes anthropoïdes. — Collection de singes anthropoïdes empaillés.

Boyer (D^r), à Nouméa (Nouvelle-Calédonie). — Douze crânes de Néo-Calédoniens, dont six de l'île des Pins.

Broca (Dr P.), professeur à la Faculté de médecine de Paris, directeur de l'École d'anthropologie, à Paris, rue des Saints-Pères, 1. — Collection d'amulettes préhistoriques. — Collection de crânes préhistoriques ayant été soumis à la trépanation, au moyen de silex taillés. — Crâne d'un jeune chien trépané vivant par la méthode préhistorique (grattage à l'aide de silex taillés). — Tableau des principaux types de cerveaux à circonvolutions. — Série de cerveaux conservés à l'état sec. — Photographies d'un microcéphale observé à Nantes (Loire-Inférieure). — Moulages de cerveaux dans la série animale.

Broca et Chudzinski, à Paris, rue de l'École-de-Médecine, 15. — Collection de moulages de cerveaux humains.

Callamand, à Paris, rue Malebranche, 7. — Crâne de l'époque gauloise dans le Jura.

Cernuschi, à Paris, avenue Vélasquez, 7. — Tableau comprenant vingt-quatre photographies représentant les types de la Malaisie et de l'Indo-Chine.

Chudzinski, à Paris, rue Dupuytren, 5. — Série de moulages du pavillon de l'oreille chez le blanc, le nègre et l'anthropoïde. — Onze bustes de sujets de différentes races extraits de la collection du laboratoire d'anthropologie de l'École des hautes études.

Conservatoire des arts et métiers, à Paris, rue Saint-Martin. — Dynamomètre de Régnier.

Cordier (L.), statuaire, à Paris, boulevard Saint-Michel, 115. — Tête de Kabyle momifiée.

Debray (H.), à Lille (Nord), rue Jean-Sans-Peur, 44. — Squelette de la Tourbière d'Avelay (Somme). — Trois cartons d'objets préhistoriques (tourbières d'Albert, d'Avelay et du littoral du Nord.)

Deluy (D^r), à Paris, au Val-de-Grâce. — Exemple d'élargissement congénital des deux trous pariétaux du crâne. — Crâne atteint de la déformation dite *toulousaine*. — Tête de nègre âgé. — Tête d'indigène du fleuve des Amazones. — Tête de Caraïbe. — Tête d'Européen adulte. — Tête de nègre adulte. — Tête de Kabyle (Berber du Djurjura). — Squelette de nègre d'Afrique. — Squelette de turco (Kabyle). — Crâne néo-calédonien. — Onze crânes d'indigènes de l'Algérie. — Quatre crânes de Chinois. — Un crâne de nègre. — Crâne de momie égyptienne. — Six bustes (Esquimaux, Islandais, Suédois, Danois) provenant de l'expédition du prince Napoléon dans les mers polaires.

Didiot (D^r), à Paris, au Val-de-Grâce. — Quatorze cas de blessures du crâne ou des os par des balles ou des instruments contondants.

Drouault (C.), à Paris, rue de Rennes, 76. — Crâne de dolmen d'Algérie. — Six photographies de types algériens.

Duhousset (Colonel), à Paris, rue Bonaparte, 15. — Instruments anthropométriques du colonel Duhousset. — Vingt-quatre dessins de types kabyles du Djurjura.

Durand de Gros (D^r), à Rodez (Aveyron), domaine d'Arsac. — Seize crânes d'Aveyronnais modernes d'époques diverses. — Trois crânes de l'époque gallo-romaine dans l'Aveyron. — Six crânes d'Aveyronnais modernes. — Tableaux représentant trente courbes craniographiques provenant de sépultures gallo-romaines découvertes dans l'Aveyron. — Tableaux indiquant la taille, la couleur des cheveux et des yeux des jeunes hommes de vingt et un ans. (Conseil de revision de 1873, département de l'Aveyron.) — Variation des tailles dans l'Aveyron (tableau). — Le crâne chez les populations de l'Aveyron aux diverses époques (tableau). ·

École d'anthropologie de Paris, rue de l'École-de-Médecine, 15. — Collection de cheveux de toutes les races. — Deux exemples de synostose prématurée de la suture sagittale sans déformation. — Synostose prématurée de la suture sagittale avec scaphocéphalie, chez un nègre yoloff du Sénégal. — Exemples de plagiocéphalie avec ou sans synostose prématurée des sutures craniennes. — Chevauchement des sutures avec ou sans déformations, chez l'adulte. — Exemples de déformations ethnique, sénile, congénitale, pathologique du crâne. — Exemple de prognatisme considérable chez l'Européen (crâne breton). — Deux bustes de microcéphales. — Crâne de microcéphale d'une capacité de 401 centimètres cubes. — Crâne de microcéphale adulte d'une capacité de 921 centimètres cubes. — Crâne acrocéphale de Parisiens du xiie siècle ayant les sutures coronale et sagittale synostosées. — Buste de Walter Scott (acrocéphale). — Buste de Cardinal, hydrocéphale, Anglais ayant vécu et conservé ses facultés jusqu'à 22 ans. — Deux exemples d'hypérostose générale du crâne. — Buste d'une femme de Toulouse présentant la déformation cranienne ethnique, dite : *déformation toulousaine.* — Crâne de la même. — Crâne atteint de la déformation toulousaine. — Crâne de nouveau-né, déformé. — Déformation annulaire des Deux-Sèvres. — Crânes et chevelures des anciens habitants d'Ancon (Pérou). — Tête de momie égyptienne. — Deux filaires, l'un d'homme nègre yoloff du Sénégal, l'autre d'orang. — Crâne ancien à déformation aplatie d'avant en arrière, d'Ancon (Pérou). — Crâne ancien à déformation allongée, dite des Aymaras (Pérou). — Type brachycéphale de l'Amérique du Sud (Patagonie). — Type dolichocéphale ancien de l'Amérique du Sud (Patagonie). — Type de Peau-Rouge de l'Amérique du Nord. — Crâne de White-Cloud, chef d'une tribu à l'ouest des montagnes Rocheuses. — Crâne d'Usbeck de Khiva. — Deux crânes polynésiens. — Type de nègre ancien de la vallée du Nil (n° 12 de la série des Nubiens de l'île d'Éléphantine, de M. Broca). — Type élevé de l'Égyptien ancien (tête de momie donnée par M. Mariette Bey). — Quatre types crâniens des noirs de l'Inde (donnés par M. le Dr Shortt). — Cœur et autres organes de la cavité thoracique chez les quadrupèdes. — Cœur chez le bipède. — Profilomètre de Sauvage. — Tropomètre de Broca pour mesurer l'angle de torsion de l'humérus. — Canne anthropométrique de Broca.

— Anthropomètre de Broca. — Deux momies égyptiennes de l'époque ptolémaïque rapportées d'Égypte par la Commission du Directoire. — Cinquante planches murales relatives au cours d'anthropologie anatomique. — Dix planches murales relatives au cours d'anthropologie biologique. — Tableaux relatifs à la couleur de la peau et des cheveux. — Tableau relatif à la couleur des yeux. — Essai de gamme chromatique en cercle (professeur Broca), à l'usage de l'anthropologie. — Deux barbes de trophée polynésien.

Faculté de médecine de Paris. — Peinture du nègre pie (Vitiligo, ou maladie de la peau par décoloration), de Buffon,

Fabre, à Paris, rue de l'École-de-Médecine, 11. — Instruments concernant les études micrographiques relatives à l'anthropologie.

Faidherbe (Général), à Lille (Nord), rue Voltaire, 33. — Quinze dessins de types kabyles de la province de Constantine.

Ferry (A.-T. de), enseigne de vaisseau, à Bussières, par Saint-Sorlin (Saône-et-Loire). — Neuf crânes et onze os longs de Solutré.

Flandinette (F.), à Paris, passage Dauphine, 27. — Bustes métallisés de types ethniques et pathologiques,

Follet (D^r), à Pondichéry (Inde). — Collection de chevelures des Indes ; quatre crânes indous de Pondichéry.

Fusier (D^r), à Paris, rue Descartes, 5. — Squelette de nègre du Kordofan ; trois crânes d'Arabes de Blidah ; crâne de Mexicain provenant des fouilles d'Azcapozaico (vallée de Mexico) ; trois crânes de Mexicains yucatèques recueillis dans un ossuaire de Yucatan ; seize crânes d'Indiens mexicains modernes ; deux crânes anciens, de déformation aplatie d'avant en arrière, de l'île de Sacrificios (Mexique) ; pied comprimé et atrophié de Chinoise; dix-huit crânes du Darfour et du Kordofan ; crâne d'Abyssinie; crâne d'Espagnol ; crâne de créole (Martinique) ; deux photographies de nègre pie ; deux peintures à l'huile, de Beauce, représentant des types japonais.

Galle (D^r), à Shanghaï (Chine). — Perruque et queue de Chinois,

Harmant (D^r), à Versailles (Seine-et-Oise), rue Neuve, 11. — Nécessaire anthropométrique pour les voyageurs, de MM. Harmant et Hamy.

Hartmann et Pramowski. — Préparations microscopiques montrant la coupe du corps muqueux de Malpighi chez le nègre. — Microscopes.

Hayem (D^r), à Paris, rue des Écoles, 36. — Instruments relatifs à l'étude du sang ; chronomètre ; hématomètre. — Préparations microscopiques du sang chez l'homme, les animaux, et selon les races. — Neufs tableaux relatifs à l'histoire du globule sanguin et à son évolution dans la série des vertébrés.

Hayem (D^r) et Pramowski, à Paris, rue Bonaparte, 1. — Deux préparations microscopiques montrant l'une une cellule de la pensée, l'autre une cellule du mouvement, sous le microscope Hartmann et Pramowski.

Hayem (D^r) et Nachet, à Paris, rue Saint-Séverin, 17, et rue de l'École-de-Médecine, 15. — Deux préparations présentant, sous le champ du microscope, le globule sanguin arrondi de l'homme et le globule elliptique de la grenouille.

Jacquinot (D^r), à Sauvigny-les-Bois (Nièvre). — Chevelure artificielle de la Nouvelle-Guinée.

Kuhff (D^r), à Paris, rue de Rivoli, 69. — Moulage peint et amplifié quatre fois du type des circonvolutions cérébrales chez l'homme.

Landolt (D^r), à Paris, rue de la Bienfaisance, 10. — Instruments concernant l'étude des caractères physiologiques de la vision applicables à l'anthropologie.

Latteux (D^r), à Paris, rue Jean-Lantier, 4. — Vingt-quatre boîtes d'échantillons de cheveux de toutes races avec leur examen microscopique. — Deux tableaux relatifs à la structure de la peau du nègre. — Deux tableaux renfermant des échantillons de cheveux recueillis dans le voyage de *l'Astrolabe* et de *la Zélée* en Océanie.

Lebon (D^r), à Paris, rue de la Ferme-des-Mathurins, 29. — Compas à sculpter. — Céphalomètre de poche (fabricant, M. Molteni). — Trois tableaux d'application de la méthode graphique à l'anthropologie.

Legrand de Mercey (Baron), à Saint-Oyen (Saône-et-Loire). — Crâne brachycéphale trouvé à la Truchère ; alluvion profonde de la Saône.

Luys (D^r), médecin de la Salpêtrière, à Ivry (Seine), rue de Seine, 23. — Tableaux relatifs à l'étude photomicrographique du cerveau humain et de la moëlle épinière à l'état normal et à l'état pathologique. — Collection de planches *exemptes de toute retouche*, relatives à l'organisation du système nerveux.

Martinet (L.), au château de la Roche, par Grassey (Cher). — Trois types de crâne berrichon.

Masson, libraire-éditeur, à Paris, boulevard Saint-Germain. — Tableau renfermant les illustrations ayant rapport à l'anthropologie, publiées par le journal français *la Nature*.

Mathieu, fabricant d'instruments de chirurgie, à Paris, rue de l'Odéon. — Craniophore de Topinard et ses accessoires. — Instruments destinés à prendre la mesure des angles faciaux : 1° goniomètre de Morton pour l'angle de Camper ; 2° goniomètre facial de Broca pour l'angle de Jaquart ; 3° demi-goniomètre facial, employé par les Américains dans leurs statistiques anthropologiques ; 4° goniomètre facial médian de Broca pour prendre tous les angles faciaux quels qu'ils soient ; instrument remplaçant tous les précédents. Deux cadres à maxima. Pièces relatives à la détermination du parallélisme du plan alvéolo-condylien de Broca, avec le plan des deux axes oculaires. — 1° Craniostat ; 2° aiguilles orbitaires ; 3° orbitostats (modèles divers) ; 4° règle trigonométrique de Broca. — Crochet sphénoïdal, sonde orbitaire et accessoires pour mesurer l'angle sphénoïdal suivant le procédé Broca, sans scier le crâne. — Rhinomètre de Broca pour le crâne. — Porte-empreinte intra-cranien de Broca employé pour prendre le moule de la bosse crista-galli. — Porte-miroir intra-cranien de Broca. — Planche à projection suivant le plan de Blumenbach. — Lames de plomb pour prendre les contours crâniens. — Appareil à cubage du crâne par le petit plomb n° 2, suivant le procédé régularisé par M. Broca : 1° litre ; 2° éprouvette en verre de 500 grammes ; 3° entonnoir spécial avec opercule en bois ; 4° fuseau pour bourrer : ustensiles strictement nécessaires. — Vérificateur des compas d'épaisseur. — Instrument destiné à dessiner les projections du crâne. — 1° Diagraphe de Gavart, grand modèle ; 2° diagraphe de Gavart, petit modèle. — 3° Craniographe Broca destiné à prendre les contours du crâne sur le profil. — 4° Stéréographe Broca avec le craniophore s'adaptant aux vues de profil, d'avant et d'arrière. — 5° Stéréographe Broca avec le craniophore s'adaptant aux vues suivant le norma supérieur et le norma inférieur. — 6° Craniophore de la vue de profil et de face, muni de sa libelle pour l'orientation du crâne, suivant le plan alvéolo-condylien. — 7° Aiguilles diverses faisant partie du stéréographe. Niveaux occipitaux de Broca ; goniomètre occipital à arc de Broca ; goniomètre auriculaire de Broca pour mesurer les angles auriculaires ; équerre flexible auriculaire de Broca ; compas d'épaisseur à vernier, grand modèle, de Broca ; pachymètre de Broca pour mesurer l'épaisseur du crâne ; compas-glissière de Broca ; roulette millimétrique ; endomètre de Broca pour mesurer l'intérieur du crâne ; compas à trois branches de Broca ; compas d'épaisseur ordinaire, l'instrument le plus usuel en craniométrie avec le ruban métrique. — Craniomètre de Wolkoff. — Demi-craniophore de Broca. — Dynamomètre portatif et dynamomètre muni d'un enregistreur. — Porte-empreinte diaphysaire pour l'étude de la platycnémie, de la saillie de la ligne âpre, etc. — Goniomètre maxillaire de Broca. — Trois boîtes pour injections fines. — Série d'instruments et appareils pour opérer des sections transversales pour microscope. — Planche ostéométrique graduée de Broca. — Planche ostéométrique graduée avec ses deux équerres directrice et indicatrice de Broca. — Mètre étalon en cuivre. — Mètre articulé et ruban métrique.

Mondière (Dr), à Hué (Cochinchine). — Perruque et queue de Chinois; collection de cheveux d'Annamite; deux empreintes de pied d'Annamite sur de l'argile; trois crânes d'Annamite.

Mugnier (Dr), au service des Messageries nationales, à Marseille (Bouches-du-Rhône). — Tête d'un Nyam-Nyam, ancien conducteur de chameaux; deux crânes de Parsis, adorateurs du feu ou Guebres de Calcutta; crâne javanais; crâne de Fellah moderne du Nil; deux crânes japonais, crâne de Dayak de Bornéo; crâne de Macassar de Célèbes; deux crânes de pariahs de Calcutta; groupe de Veddahs de Ceylan.

Musée d'Annecy (Haute-Savoie). Conservateur : M. L. Revon. — Vingt-neuf crânes savoyards du XVIIe au XIXe siècle. — Cinq crânes trouvés en Savoie, avec les objets burgondes ci-après : un crâne de jeune femme gauloise, époque gallo-romaine (Pringy, près Annecy); un crâne de femme romaine, même provenance. Un crâne de nègre de la tribu des Nhiamonesi (Afrique orientale); un crâne de Peau-Rouge de l'Amérique du Nord; un crâne romain; un crâne berber. Quatre cartons d'objets divers en métal provenant du cimetière burgonde de Noiset-Cruzeilles; deux bracelets, un petit vase, un clou et deux tibias. — Atlas contenant des planches extraites de l'album de la Haute-Savoie (temps préhistoriques); cinquante-sept planches de contours crâniens; troisième et quatrième feuilles de l'ouvrage de M. Louis Revon sur la Haute-Savoie (préromain). Deux bustes de Savoyards.

Musée de Caen, à Caen (Calvados). Conservateurs : MM. les Drs Deslonchamps et Fayolles. — Trente-cinq crânes de guillotinés. — Bustes d'assassins. — Têtes tatouées de Maoris de la Nouvelle-Zélande. — Tête d'Indien du fleuve des Amazones. — Tête de mulâtre, d'Arabe et de nègre. — Tête de Kabyle. — Deux crânes anciens de Normandie. — Six crânes gallo-romains d'Évrecy-Garros (Calvados). — Quatre crânes mérovingiens de Conteville (Calvados). — Quatre crânes provenant des missions aux îles Sandwich, trouvés le 19 janvier 1857. — Un nègre du Congo (collection Wastel). — Un nègre du Congo (collection Lepelletier). — Crâne arabe (collection Deshaye). — Deux crânes de nègre du Sénégal (collection Vimont). — Un nègre yoloff (Sénégal). — Quatre crânes de la collection Rayer, savoir : un Turc, un nègre du Soudan, un métis d'Arabe et de nègre. — Un crâne ancien de l'embouchure de la Dive (Calvados). — Deux crânes égyptiens anciens (collection Dumoutier). — Crâne de Néo-Zélandais rapporté par l'amiral Dumont d'Urville. — Crâne du Chili (Amérique du Sud). — Femme Chinook de Colombia-River (donné par le Dr Ward). — Crâne ancien de Cuba (collection Vimont). — Crâne d'idiot. — Quatre cas de trouble d'ossification du crâne. — Crâne avec os épactal. — Crâne avec os sagittal. — Deux crânes avec hypérostose des parois. — Crâne avec déformation annulaire. — Crâne scaphocéphale, par suite de synostose de la sagittale. — Soudure de la sagittale sans scaphocéphalie. — Cas de persistance de la suture médio-frontale avec synostose double de la coronale. — Deux demi-microcéphales, arrêt de développement du cerveau. — Un microcéphale, arrêt du développement du cerveau. — Cinq bustes de microcéphales. — Crâne de nouveau-né avec hydrocéphalie partielle. — Nouveau-né avec hydrocéphalie générale. — Crâne de fœtus avec division du pariétal gauche allant de la fontanelle bregmatique au milieu de la branche gauche de la suture lambdoïde. — Enfant de deux ans dont les incisives sont en voie d'éruption; bifurcation de la suture médio-frontale à un centimètre au-dessus de l'ophryon. — Cinq crânes des îles Marquises. — Quinze crânes de Néo-Calédoniens. — Une mâchoire libre et deux bassins. — Un squelette de Néo-Calédonien. — Un squelette de momie péruvienne. — Quarante-cinq crânes de Néo-Calédoniens. — Une colonne vertébrale de mameluck. — Trois vases accompagnant une momie péruvienne. — Un pilon néo-calédonien. — Neuf objets divers relatifs à l'ethnographie. — Deux faisceaux d'armes des indigènes d'Océanie. — Deux trophées d'armes polynésiennes et néo-calédoniennes.

Musée de Chambéry, à Chambéry (Savoie). Conservateur : M. Perrin. — Dix crânes.

Musée des colonies, à Paris (Champs-Élysées, Palais de l'Industrie). Conservateur : M. de Dyannes. — Squelette de troglodyte tschégo ou chimpanzé, apporté du Gabon, par M. Aubry-le-Comte.

Musée de Lons-le-Saunier, à Lons-le-Saunier (Jura). Conservateur : M. Z. ROBERT. — Crâne perforé. — Crâne humain dans une gangue calcaire.

Musée Dupuytren, à Paris, rue de l'École-de-Médecine, 15. — Crâne de Nicolas, hydrocéphale mort à 27 ans, idiot.

Musée Orfila. — Faculté de médecine de Paris. — Buste de Lacenaire (assassin). — Crâne du même.

Nachet, à Paris, rue Saint-Séverin, 17. — Deux préparations microscopiques montrant, l'une la coupe arrondie, l'autre la coupe elliptique du cheveu.

Napias (D^r), à Paris, rue du Rocher, 40. — Deux crânes néo-calédoniens. — Deux bassins néo-calédoniens.

Parrot (D^r), professeur à la Faculté de médecine de Paris. — Pièces relatives au développement asymétrique des deux moitiés du crâne.

Pelleray, à Paris, rue Croix-des-Petits-Champs, 17. — Collection de chevelures des principaux tons de coloration et de décoloration, et des diverses variétés ondée, ondulée, bouclée et frisée des cheveux européens. — Chevelures européennes montrant l'influence de l'air sur la couleur du cheveu.

Périer (Dr J.-N.), à Paris, rue de Grenelle-Saint-Germain, 22. — Crâne trouvé à Chazay-d'Azergue (Rhône) dans un tombeau en pierres verticales.

Pinart (A.), à Marquise (Pas-de-Calais). — Deux tableaux de planches extraites de l'ouvrage (sous presse) de M. A. Pinart sur son voyage dans l'Alaska.

Prunières (D^r), à Marvejols (Lozère). — Collection de crânes dolichocéphales et d'ossements humains provenant des cavernes néolithiques de Beaumes-Chaudes. — Os iliaques, vertèbres, tibias, etc., transpercés par des pointes de flèches en silex. — Crânes et os divers portant des traces de fractures et de lésions, provenant des dolmens de la Lozère. — Collection de crânes perforés et de rondelles crâniennes.

Quatrefages (De), professeur au Muséum d'histoire naturelle, à Paris, rue Geoffroy-Saint-Hilaire. — Goniomètre pariétal de Quatrefages. — Échelle de coloration de la peau des nègres de l'Afrique orientale.

Revon (L.), à Annecy (Haute-Savoie). — Collection de cheveux de Savoisiens. — Tableaux de types de la Savoie.

Roujou, à Chamallière, par Clermont-Ferrand (Puy-de-Dôme). — Moule d'un crâne ancien de Choisy-le-Roi. — Treize crânes d'Auvergnats.

Sanrey (D^r), à Biskra (province de Constantine). — Neuf crânes de Berbers (population sédentaire) de l'oasis de Biskra. — Crâne de Chaouia de l'Aurès (Berber).

Gendron et fils. — Appareils et instruments pour pratiquer, mesurer et conserver les coupes cérébrales.

Todd, au cap de Bonne-Espérance. — Deux tableaux comprenant quarante et une photographies de types indigènes de l'Afrique australe (Cafres et Boschimans).

Topinard (D^r), professeur à l'École d'anthropologie, à Paris, rue de Rennes, 97. — Photographie d'un large nœvus pileux chez un Russe. — Photographie de Mellie-Christine. — Série de vingt-trois crânes choisis représentant les différents types qui concourent à former la race française et provenant du musée de la Société d'anthropologie. — Série d'os longs typiques au point de vue de la conformation. — Quatre crânes néo-calédoniens de l'île des Pins. — Collection d'instruments concernant la craniométrie usités dans les pays étrangers. — Compas-glissière modifié et compas anthropométrique général. — Rhinomètre pour le vivant. — Moules de la calotte, de la cavité interne et de deux extrémités de femur du Néanderthal. — Dessin représentant l'homme du Néanderthal, restauré par M. le professeur Schaaffhausen. — Deux os pathologiques (fracture d'humérus, ostéite traumatique du tibia) de l'époque néolithique. —

Cinq cartes de l'empire d'Allemagne montrant la répartition et la proportion des blonds, des châtains et des bruns, d'après les indications du professeur Virchow. — Quatre photographies de groupes de Peaux-Rouges. — Trois photographies d'Aïnos. — Deux photographies de Nubiens. — Type tasmanien. — Groupe d'Australiens de King George Sound.— Deux photographies d'un Boschiman rapportées par M. Todd. — Trois photographies de Japonais et Japonaises. — Photographies de Japonais tatoués. — Collection de cheveux de toute race. — Série de photographies représentant des types de Japonais, de Coolies et de Peaux-Rouges.

Tramond, naturaliste, à Paris, rue de l'École-de-Médecine, 9. — Moulages de cerveaux dans la série animale. — Quatre squelettes d'enfants de huit ans. — Collection de neuf squelettes de fœtus. — Série de moulages relatifs à l'étude de la main. — Squelette de main humaine. — Trois squelettes d'enfant nouveau-né, le premier normal, le deuxième hydrocéphale, le troisième anencéphale. — Collection de pièces osseuses relatives à l'étude de l'anthropologie et de moulages crâniens représentant des types normaux ou déformés. — Série de pièces relatives à l'étude de la dentition. — Cinq moulages de crânes d'anthropoïdes.— Moulage d'un cerveau de gorille adulte. — Quatre bustes d'anthropoïdes. — Moulage d'une tête de Kabyle. — Moulage peint de Polynésien tatoué. — Tête de momie d'Arica. — Série de moulages de cavité crânienne d'animaux divers. — Moulage de paupières typiques de Chinois. — Plâtre représentant le gorille vivant. — Série de squelettes de vertébrés. — Aï ou paresseux, kangourou géant empaillés. — Collection ethnologique tirée des grands voyages de circumnavigation français.

Ujfalvy (De), à Paris, rue de Bellechasse, 38. — Crâne de Galtcha des montagnes du Ferghana (Turkestan russe). — Quarante autres crânes divers du Kouldja.

Unger, à Paris, rue de Rivoli, 63 ou 73. — Astigmatomètre pour déterminer le degré et la nature de l'astigmatisme.

Voisin (Dr A.), médecin de la Salpétrière, à Paris, rue Séguier, 15. — Crânes, moulages de crânes et albums relatifs à l'étude de l'idiotie.

Wiener (C.), à Paris, rue Saint-Lazare, 11. — Collection de crânes du Pérou.

X... — Moule du crâne de Volta.

Y... — Carte ethnographique de la monarchie austro-hongroise.

Zellner (Mme A. de), à Paris, rue Nollet, 73. — Tête préparée ou chincha des Indiens Sivaros de l'Amérique du Sud.

III.

ETHNOLOGIE, ETHNOGRAPHIE, LINGUISTIQUE.

Bataillard (P.), archiviste de la Faculté de médecine de Paris, rue Cassini, 6. — Clochettes, hachettes (toporeks), coussinets pour machines à battre le blé, agrafes, bagues et autres petits objets; bagues boutons, celt à douille, couteaux, pointes de flèches en bronze, en argent ou en *pakfung,* moulés par des Tziganes sur des modèles préhistoriques. — Mortier de bronze provenant de Tziganes chaudronniers de Hongrie. — Collections de photographies, de lithographies et de gravures représentant les types tsiganes des diverses contrées de l'Europe orientale.

Berluc-Perussis (L. de), président de l'Académie d'Aix (Bouches-du-Rhône). — Carte du dialecte provençal et de ses sous-dialectes.

Boban, à Paris, rue du Sommerard, 35. — Antiquités précolombiennes (Mexique) : haches de pierre, pointes en silex, nucléus, couteaux, disque et pointes en obsidienne. — Série de moulages de pierres préhistoriques d'Europe. — Contrefaçons modernes en pierre et en terre cuite d'antiquités mexicaines. — Échantillons de faux silex travaillés.

Bordier (Mme), à Paris, rue Billault, 26. — Images japonaises coloriées sur papier bis, destinées à renseigner sur l'ethnographie et l'ethnologie de Aïnos. — Photographies représentant les Aïnos actuellement refoulés au nord du Japon.

Bourgeois (L'abbé), à Pontlevoy (Loir-et-Cher). — Objets contemporains fabriqués sur le modèle d'objets préhistoriques, et actuellement en usage chez les paysans de Loir-et-Cher; canines de cerf montées en or; lissoir de cordonnier en os; poteries modernes de la Charente avec empreintes digitales analogues à celles de l'âge du bronze. — Hache en bronze d'Aréquipa (Pérou). — Vase péruvien ancien.

Broca (Dr P.), professeur à la Faculté de médecine, à Paris, rue des Saints-Pères, 1. — Instruments de musique du Caucase. — Carte de la langue basque.

Caix de Saint-Aymour (Comte A. **de**), à Paris, rue de Milan, 11 *bis*. — Marteaux, nucléus, couteaux et haches de pierre du Mexique, de Grèce et de France.

Clerc (G.), statuaire, à Paris, rue Poncelet, 26. — Statue de l'anthropologie.

Comité départemental de la Savoie. Président : M. Tochon (P.), à Chambéry (Savoie). — Costumes populaires de la Savoie : douze poupées représentant femmes de la vallée de Chambéry, de la vallée d'Aix, de la vallée de l'Isère, de Saint-Jean-de-Maurienne, de Saint-Colombant, Valoire, Termignon, Bourg-Saint-Maurice, Beaufort ; hommes de Saint-Jean-de-Maurienne.

Constantin (N.), à Annecy (Haute-Savoie). — Carte linguistique des deux départements de Savoie; même carte en relief.

Cordier (C.), statuaire, à Paris, boulevard Saint-Michel, 115. — Femme arabe et deux femmes Fellah : statues, onyx et bronze. — Chinois, Tartare et Mongol, nègre du Darfour, négresses des côtes d'Afrique et métis des colonies; deux mauresques d'Algérie, cheik arabe d'Égypte, fellah du Caire, juif d'Alger, femme grecque moderne, jeune fille abyssinienne, jeune Grecque; Maltais, pêcheur de corail : quatorze bustes en bronze. — Deux femmes fellahs et kabyles de l'At'as; une Nubienne; une négresse et une fellah ; six statuettes en bronze.

Cordier (H.), statuaire, à Paris, boulevard Saint-Michel, 115. — Deux bustes d'Esquimaux (homme et femme) en terre cuite.

Dally (Dr E.), professeur à l'École d'anthropologie, à Paris, rue Legendre, 5. — Série de dessins de types humains pour son cours.

Danjou, à Fougères (Ille-et-Vilaine). — Disque en calcaire avec vingt cercles centrés disposés en rond, d'origine toscane. — Série d'armes sauvages de diverses peuplades.

Durand de Gros (Dr J.-P.), domaine d'Arzac, près Rodez (Aveyron). — Quatre cartes de géographie linguistique de la France.

Dyannes (B. de), conservateur du Musée des colonies (Palais de l'Industrie), Paris. — Vase mexicain.

Felon (J.), statuaire, à Paris, rue Thiboumery, 13 *bis*. — Jeune femme de l'île d'Oulay (Océanie), statue en pierre de Tonnerre.

Fillon (Mlle), à la Court-de-Saint-Cyr-en-Talmondois (Vendée). — Cœur avec croix en or et ceinture de suspension : joyaux de la Vendée.

Germain, à Nice (Alpes-Maritimes), rue de France, 32. — Tombeau romain en briques de Beaulieu (Alpes-Maritimes).

Guimet (L.), à Lyon (Rhône), place de la Miséricorde. — Mythologie chinoise, statues des dieux du vent et du tonnerre.

Laboratoire d'anthropologie de M. Broca, à Paris, rue de l'École-de-Médecine, 15. Envoi de M. Ber (T.). — Crânes non déformés d'Aymaras. — Crânes déformés d'Aymaras. — Crânes déformés d'Ancon. — Objets relatifs à l'ancienne civilisation du Pérou : cuivre, os travaillés, etc — Pointes de flèches provenant de fouilles de Trahuanaco. — Momies d'enfants. — Vases. — Étoffes.

Lagneau (D' G.), à Paris, rue de la Chaussée-d'Antin, 38. — Carte ethnographique de la France.

Martinet (L.), château de la Roche, à Graccy (Cher). — Cercueil d'une jeune chrétienne du Cher, fait d'un tronc d'arbre.

Mortillet (G. de), au château de Saint-Germain-en-Laye (Seine-et-Oise). — Fibules modernes de Savoie. — Vases faits à la main et cuits à l'air libre, de Casaroldo, Parmesan (Italie). — Bracelet de l'Asie centrale.

Maurel (D'), médecin de la marine, à Cherbourg (Manche), rue Grande-Vallée, 26. — Crâne d'Indien Galibi du Bas-Maroni. — Crâne d'Indien Bracougeure du Haut-Maroni (Guyane). — Haches de pierre de l'Aprouague (Guyane). — Céramique et colliers de graines des Indiens Galibis (Guyane).

Musée d'Annecy (Haute-Savoie). Conservateur, M. Revon. — Carcan caraïbe. — Têtes sculptées et statue du Mexique. — Nombreuse série de statuettes et têtes diverses en terre cuite du même pays.

Musée préhistorique et ethnographique de Bordeaux (Gironde). Conservateur; M. Gassies. — Céramique mexicaine. — Haches, idoles ou cemis, et carcan caraïbes en pierre. — Antiquités péruviennes : fuseau trouvé à Patchacamac, flèches trouvées en Bolivie, à pointes en os et en pierre, lama en argent, pointes de flèches en pierre, aiguille en os, fuseaux, peson, amulette — Haches et pointes en pierre de Cuba, couteaux et pointes en obsidienne du Mexique. — Haches de pierre et amulettes de la Nouvelle-Calédonie, couteau en obsidienne emmanché dans du bois, boîte incrustée de nacre de la Mélanésie. — Bijoux polynésiens en nacre. — Trompe en coquille, vilebrequin à pointe de pierre et herminette en pierre de la Polynésie. — Mére en jade (Nouvelle-Zélande). — Idoles en bois noir incrustées de nacre de la Mélanésie.

Musée de Troyes (Aube). Conservateur, M. Ray (J.). — Colliers et bracelets. — Haches en pierre polie (Nouvelle-Calédonie). — Bracelets des îles Moluques. — Fragments d'un ancien manuscrit mexicain postérieur à la conquête, avec figures. — Outils en obsidienne (Mexique). — Haches en pierre polie d'Haïti et du Pérou. — Pointes de lance en quartz (Amérique du Nord). — Colliers et bracelets d'os. — Collier avec plaque gravée et amulettes, scie, cuiller et patins en os et en ivoire. Station des Sioux (Amérique du Nord).

Picot (E.), à Paris, avenue de Wagram, 84. — Maxillaire supérieur avec l'*Obole à Caron*, trouvé dans un columbarium à Rome.

Regamey (F.), peintre, à Paris, passage de la Visitation, 9. — Dessins de types humains d'après nature : 4 de l'Amérique du Nord, 27 du Japon, 9 de la Chine, 3 de Ceylan, 5 d'Aden. — Divers objets japonais.

Regnier (A.), à Annecy (Haute-Savoie). — Deux tableaux à l'huile représentant une jeune fille d'Hautecour (Savoie) et une de Bellevaux (Haute-Savoie).

Richard (L'abbé), au séminaire de Montlieu (Charente). — Silex comparés : du lac de Tibériade, du tombeau de Josué, de la vallée de Josaphat, des bords de la mer Morte, du Sinaï, de l'Égypte, du Sahara.

Richard Bard, négociant, à Grenoble (Isère), place Grenette. — Costumes populaires du Dauphiné : vingt-quatre poupées ; femmes et hommes du Sappey, de Saint-Pierre-de-Chartreuse, Chabons, Allevard, Briançon, Uriage, etc.

Rivière, à Paris, rue du Bac, 90. — Casse-tête en bois de santal des peuples de la Nouvelle-Calédonie. — Calebasse gravée provenant du Gabon. — Bambou gravé provenant de l'île des Pins. — Armes et instruments en silex du Suffolk. — Idole annamite sculptée dans une racine. — Coquilles (*Ovula oviformis*) servant de monnaie d'échange aux peuplades de l'île des Pins (Nouvelle-Calédonie).

Sebillot (P.), à Paris, rue Mazarine, 20. — Carte de la langue bretonne.

Seidler, à Nantes (Loire-Inférieure), rue Dobrée, 13. — Objets préhistoriques en pierre du Danemark. — Pointes de flèches en pierre d'Angleterre et d'Irlande, pointes de flèches en pierre de France et de Suisse pour servir de terme de comparaison. — Tranchets et percuteurs (Angleterre). — Amulettes en jade et herminettes (Nouvelle-Zélande). — — Patou-patous ou mérés en jade et en diorite. — Haches de pierre et collier de la Nouvelle-Calédonie. — Haches et herminette de pierre des îles Viti. — Haches de pierre et de coquille caraïbes. — Haches et pointes de flèches de pierre (Amérique du Nord), nucléus, couteau, et pointe de flèche en obsidienne (Mexique). — Haches de pierre de l'Indiana. — Haches de bronze de l'Amérique centrale. — Bracelets de bronze fabriqués en France pour le commerce avec les nègres de la côte occidentale d'Afrique. — Bracelets, fibules, épingles, pointe de flèche, moule de hache et haches de bronze. — Hache, bracelets, faucilles, têtes de masses d'arme (France). — Haches de bronze (Angleterre et Irlande). — Pointes de flèche (Irlande). — Poignard et pointe de lance (île de Chypre). — Épée de bronze trouvée dans la Loire et couteaux de bronze (France). — Haches et percuteurs de la pierre polie (France). — Types de Peaux-Rouges et photographies d'indigènes de l'Océanie.

Seydoux. — Cercueil creusé dans un tronc d'arbre et provenant d'un tumulus du département du Nord.

Société stéréochromique (Otto Radde et Cᵒ). — Gammes et tons courants observés dans les cheveux, les yeux et la peau.

Tourtoulon (C. de), à Montpellier (Hérault). — Limites de la langue d'oil et de la langue d'oc, trois cartes.

Ujfalvy (De), à Paris, rue de Bellechasse, 38. — Série de types russes (hommes et femmes), photographiés de face et de profil. — Série de crânes recueillis pendant sa mission scientifique dans le centre de l'Asie.

Vaïsse (L.), à Paris, rue Gay-Lussac, 49. — Iconographie de la parole : deux tableaux et un mémoire explicatif.

Vidal (Dʳ), à Toulouse (Haute-Garonne). — Pointes de flèches japonaises en silex et en obsidienne.

Vinson, membre du comité d'organisation de l'exposition des sciences anthropologiques, à Bayonne (Basses-Pyrénées). — Palettes à jeu de paume en vannerie avec gants de cuir, remarquables par la petitesse de la main, et deux cannes de montagne avec dragonne, servant de casse-tête : objets basques.

Wienner (C.), à Paris, rue Saint-Lazare, 11. — Modèles de tombes péruviennes antiques et nombreux objets recueillis dans ces tombeaux pendant sa mission scientifique en Amérique. — Série de crânes péruviens. — *Fac-simile* de deux statues boliviennes. — Moulage d'une inscription.

Y... — Deux tableaux de photographies archéologiques du voyage du capitaine Mater au Mexique en 1867.

IV.

ANTHROPOLOGIE PRÉHISTORIQUE.

Alibert (Dʳ J.), à Montauban (Tarn-et-Garonne). — Haches en quartzites chelléennes et silex paléolithiques de diverses localités de Tarn-et-Garonne.

André, archiviste, à Mende (Lozère). — Pivot de porte et vase de la Lozère.

Arnoult, ingénieur, à Saint-Omer (Pas-de-Calais). — Silex de divers départements.

Babert de Juillé, juge, à Niort (Deux-Sèvres). — Phases diverses de la taille des pointes de flèches en silex et série d'autres instruments en pierre.

Barbet. — *Voir* **Capitan.**

Baudon (D⁽ᵉ⁾ A.), à Mouy (Oise). — Nombreuse série de la balastiere de Montguillain. — Série de silex de l'atelier du Camp-Barbet. — Fouilles de l'oppidum de Catenoy. — Pièces diverses du département de l'Oise.

Baudry (L'abbé F.), curé du Bernard (Vendée). — Mobilier de deux puits funéraires du Bernard, époque romaine.

Benoit (É.), à Paris, rue du Faubourg-Saint-Martin, 188. — Carte de l'extension des anciens glaciers dans le Jura.

Berthelot (L.), à Paris, rue de l'Arbalète, 39. — Silex des stations robenhausiennes du Thureau-du-Bar et de Duchy (Yonne).

Bertin et Duret, à Joigny (Yonne), représentés par M. BERTIN, à Paris, rue Racine, 4. — Séries de haches chelléennes et de haches polies du département de l'Yonne.

Bertrand, président de la Société d'émulation, à Moulins (Allier). — Mâchoire de rhinocéros tertiaire incisée.

Blanchard (G.), percepteur, à Nosey (Loire-Inférieure). — Haches polies de Guérande et de Saint-Lyphard (Loire-Inférieure).

Boban (E.), antiquaire, à Paris, rue du Sommerard, 35. — Moulages d'objets des diverses époques paléoethnologiques pour l'enseignement et les musées. — Collection de roches pour l'étude.

Bonefons (E.), président du tribunal civil, à Aurillac (Cantal). — Haches polies en pierre, objets de l'âge du bronze et des tumulus du Cantal.

Bonneville, à Auxerre (Yonne). — Grotte de Mermont, à Saint-Moré (Yonne). — Silex de l'époque magdalénienne.

Bourdet (D.), au Havre (Seine-Inférieure), rue aux Dames, 97. — Stations néolithiques de Lammerville et des Marettes (Seine-Inférieure). — Normandie paléoethnologique ; carte et dessins de monuments. — Douze fusains représentant les monuments mégalithiques de la Normandie.

Bourgeois (L'abbé), directeur du collège de Pontlevoy (Loir-et-Cher). — Ossements tertiaires incisés et silex tertiaires taillés de Thenay. — Silex de Saint-Prest. — Silex divers du plateau de Pontlevoy. — Fouilles des grottes de Montgodier, la Chaize, Roche-Berthier et du Bois-du-Roc. — Découverte du bronze du Theil.

Bourgeois et Delaunay (Abbés), à Pontlevoy. — Fouilles de la station terrestre de l'âge du bronze du Bois-du-Roc (Charente).

Brossette, à Lyon (Rhône), rue Saint-Denis, 13. — Tableau de douze lithographies d'objets de l'âge du bronze et de l'âge du fer du bassin du Rhône.

Cabié (E.), à Roqueserière, par Montastruc (Haute-Garonne). — Haches chelléennes en quartzite des Pyrénées et silex divers de la Haute-Garonne. — Instruments en bronze.

Cahingt (H.), au collège de Chartres (Eure-et-Loir). — Série de silex des Marettes (Seine-Inférieure).

Caix de Saint-Aymour (Comte A. **de**), directeur du recueil *le Musée archéologique,* à Paris, rue de Milan, 11 *bis.* — Série de Saint-Acheul, Saint-Roch et Montières, à Amiens (Somme). — Haches polies et silex de diverses stations de l'Oise. — Haches polies d'autres départements.

Capitan (L.), à Paris, rue des Ursulines, 17. — Série d'instruments en jaspe de Leigné-sur-Usseau. — Silex de Preslong (Vienne), des plateaux entre la Creuse et la Vienne et des environs d'Yport (Seine-Inférieure).

Capitan (L.) **et Barbet** (F.), à Paris. — Plan en relief du dolmen d'Anneville, à Jersey.

Carbonnier (P.), pisciculteur, à Paris, quai du Louvre, 10. — Silex des environs de Bergerac (Dordogne), entre autres une hache chelléenne en calcédoine. — Fouilles de la station de Champigny (Seine), avec lames de silex s'imbriquant les unes sur les autres. — Silex d'autres stations des environs de Paris.

Cardenal (Mme de). — *Voir* **Landesque.**

Cartailhac (É.), directeur des *Matériaux pour l'histoire de l'homme*, à Toulouse (Haute-Garonne), rue de la Chaîne, 5. — Anciens ouvrages signalant des instruments en pierre et des monuments mégalithiques. — Fac-simile réduit du dolmen de Gramont (Hérault). — Collection de photographies de dolmens. — Carte géologique et paléoethnologique des environs de Saint-Affrique. — Mobilier funéraire de divers dolmens de l'Aveyron.

Carton (E.), huissier, à Meaux (Seine-et-Marne). — Séries du camp de Catenoy (Oise) et de Saint-Soupplets (Seine-et-Marne). — Haches diverses en silex.

Cassan (D^r), à Albi (Tarn). — Objets en bronze du département du Tarn.

Caudel. — *Voir* **Maricourt.**

Cazalis de Fondouce (P.), à Montpellier (Hérault), rue des Étuves, 18. — Fouilles de la grotte du pont du Gard, magdalénien. — Grotte sépulcrale de Saint-Jean-d'Alcas (Aveyron). — Mobiliers de dolmens du bas Languedoc. — Produits des âges de la pierre, du bronze et du fer, également du bas Languedoc. — Carte paléoethnologique de l'Hérault.

Celliez (P.), ingénieur-inspecteur des tramways, à Paris, rue Royale, 24. — Haches polies de la Haute-Vienne.

Cerès (L'abbé), conservateur du musée archéologique de Rodez (Aveyron). — Fragments d'os humains des dolmens.

Changarnier-Moissenet, à Beaune (Côte-d'Or). — Série du gisement type de Solutré (Saône-et-Loire) (âge de la pierre), des oppidums de Gergovie et Corant (Puy-de-Dôme), du camp de Chassey et de Neusy (Saône-et-Loire). — Paléoethnologie des environs de Beaune et de diverses autres localités de la Côte-d'Or et de Saône-et-Loire.

Chantre (E.), sous-directeur du Muséum de Lyon, à Lyon (Rhône), cours Morand, 37. — Carte paléoethnologique d'une partie de la Gaule (Sud-Est). — Deux cartes de la Gaule à l'âge du bronze. — Carte d'Europe à l'âge du bronze. — Planches de l'âge du bronze et du premier âge du fer. — *Voir* **Falsan.**

Chaper, ingénieur, à Grenoble (Isère), rue Villars. — Fonderie de Goncelin et objets divers en bronze du Dauphiné.

Chaulnes (Duc de). — *Voir* **Musée de Chambéry.**

Chauvet, notaire, à Ruffec (Charente). — Silex des alluvions quaternaires entre Saintes et Angoulême. — Fouilles de la station du Menieux et de la grotte de la Gelie. — Mobilier de dolmens (Charente). — Série de démonstration du travail des os.

Chouquet, propriétaire, à Paris, avenue Mac-Mahon, 14. — Mobilier funéraire des grottes sépulcrales de la Grande-Paroisse et des sépultures par incinération des Ribauds. — Paléoethnologie des environs de Moret (Seine-et-Marne). — Empreintes végétales, coquilles quaternaires et silex taillés de la surface, de la Celle (Seine-et-Marne). — Sépulture de Montapot, mobilier funéraire hallstattien.

Cleuziou (H. du), à Paris, boulevard du Mont-Parnasse, 170. — Vues cavalières des alignements de Carnac (Morbihan). — Relevé détaillé des tombes du cimetière gaulois des Crons (Marne).

Comité départemental de la Savoie, à Chambéry (Savoie). M. Thocon (P.), président. — Crânes de taureaux et de vaches de la race tarine, descendant du bœuf préhistorique.

Costa de Beauregard (Comte J.), château de Beauregard (Haute-Savoie). — *Voir* **Musée de Chambéry.**

Costard (C.), peintre, à Verson, près Caen (Calvados). — Silex des stations paléolithiques et néolithiques d'Olendon, de Baron, du Mont-Joly et de Saint-Quentin-de-la-Roche. — Carte archéologique du Calvados.

Cotteau (G.), ancien président de la Société géologique de France, à Auxerre (Yonne), et à Paris, boulevard Saint-Michel, 36. — Silex néolithiques et paléolithiques du canton de Cerisiers (Yonne). — Grotte des Fées, à Arcy-sur-Cure (Yonne), silex et ossements.

Cuqu (A.), à Tours-sur-Marne (Marne). — Mobilier du puits funéraire de Tours-sur-Marne, époque robenhausienne.

Daleau (F.), à Bourg-sur-Gironde (Gironde). — Carte paléoethnologique de la Gironde. — Silex des stations de l'étang de Lacanau (Gironde).

Damour (A.), membre de l'Institut, à Paris, rue de la Ferme-des-Mathurins, 10. — Six cartons représentant les diverses roches employées dans les temps préhistoriques (chloromélanite, fibrolithe, jadéite, jade, néphrite, obsidienne).

Danjou de la Garenne, à Fougères (Ille-et-Vilaine). — Objets de l'âge du bronze. — Une hache en pierre, trouée.

Darlet (C.), professeur au collège de Clamecy (Nièvre). — Silex du camp de Banneville. — Silex de la station et brèches osseuses de Chevroches. — Mobilier funéraire du tumulus de Saligny (Nièvre).

Davat (Dr), à Aix-les-Bains (Savoie). — Fonderie de bronze de Drumettaz-Clarafond (Savoie).

Davat (Dr) et Musée de Chambéry (Savoie). — Haches polies de Savoie.

Delaunay (L'abbé), sous-directeur du collège de Pontlevoy (Loir-et-Cher). — Série de silex du plateau de Pontlevoy. — Haches polies diverses, et os sculpté de la grotte de la Chaise. — *Voir* **Bourgeois.**

Delfortrie, à Bordeaux (Gironde). — Os tertiaires incisés de Leognan (Gironde).

Delmotte, artiste peintre, à Paris-Batignolles, rue Lacroix, 34. — Épée et hache en bronze des environs de Paris.

Delorme (L.), propriétaire, à Vatan (Indre). — Dolmen et station de Bagneux. — Haches en bronze de Saint-Florentin (Indre).

Delort (J.-B.-H.), professeur au collège de Saint-Flour (Cantal). — Silex des environs de Saint-Flour. — Mobilier funéraire du dolmen et des tumulus hallsttatiens de Mons (Cantal).

Demairé (H.), avocat, à Montmorillon (Vienne). — Fouilles de la grotte de l'Hermitage. — Types chelléens de l'arrondissement de Châtellerault. — Stations néolithiques de Montmorillon (Vienne).

Detroyat (A.), à Bayonne (Basses-Pyrénées). — Fouilles de l'abri de Saint-Pierre-d'Irube. — Silex du plateau de Saint-Pierre, de la tourbière de Moulignat et autres environs de Bayonne, avec carte.

Doigneau (E.), à Nemours (Seine-et-Marne). — Silex d'un atelier magdalenien en plein air et de stations diverses des environs de Nemours. — Grès lustrés, taillés du rocher de la Vignette.

Dufailly, dessinateur, à Paris, rue Saint-Martin, 112. — Chromolithographie d'objets préhistoriques.

Dulignon-Desgranges, à Bordeaux (Gironde), rue Chevrus, 3o. — Carte préhistorique du littoral de la Gironde. — Stations néolithiques du littoral du bas Médoc, silex et poteries.

Durand de Gros (D'), domaine d'Arzac, près Rodez (Aveyron). — Deux haches polies du pays.

Falconnet, à Lyon, rue de la Charité, 84. — Carte paléoethnologique d'une partie de la France au $\frac{1}{320000}$ (6 feuilles) avec les signes internationaux et d'après les documents recueillis par M. E. Chantre.

Falsan (A.), à Collonges-sur-Saône (Rhône) et **Chantre** (E.), à Lyon, cours Morand, 37. — Carte glacière des environs de Lyon. — Cailloux et roches striés. — Fossiles remaniés des alluvions glacières. — Coupes du terrain glacier et vues de blocs erratiques. — Carte des anciens glaciers du Rhône, de l'Arve, de l'Isère et de leurs affluents. — Moulage de la pierre à écuelles dite *boule de Gargantua.*

Feinieux (E.), porte Saint-Didier, à Sens (Yonne). — Grotte des Fées, à Arcy-sur-Cure (Yonne). Os taillés et coquilles. — Grotte de Nermont; silex robenhausiens, hache polie, os travaillés et poteries.

Feningre (A.), ingénieur, à Aïn-Temouchent, province d'Oran (Algérie). — Collection d'ensemble préhistorique.

Fermond, libraire à la Rochefoucauld (Charente). — Fouilles de la caverne-atelier de Roche-Berthier et des grottes de Vilhonneur, de Montgaudier et des Fadets. — Silex des plateaux de La Combe, de Chez-Nadaud et autres localités de la Charente. — Stations de l'âge du bronze du Bois-du-Roc.

Ferry (A. Testot de), enseigne de vaisseau, à Bussières, par Saint-Sorlin (Saône-et-Loire). — Collection Henri de Ferry : Fouilles de Solutré, de Charbonnières, de Verchizeuil et des berges de la Saône (Saône-et-Loire). — Photographies du gisement de Solutré.

Filliol, professeur à l'École de médecine de Toulouse (Haute-Garonne). — Produits des grottes de Bize (Aude), du Mas-d'Azil (Ariège), d'Arbas (Haute-Garonne), etc., et station du Verdier (Tarn-et-Garonne).

Fillon (B.), à la Court, par Saint-Cyr-en-Talmondois (Vendée). — Stations néolithiques et paléolithiques de Saint-Cyr. — Série de haches polies de la Vendée. — Roches employées en Vendée pour faire les haches polies. — Pièces diverses de l'âge de la pierre, entre autres une grande hache polie en jadéite et un très grand couteau en silex du Gers. — Objets en pierre étrangers à la France. — Série d'objets de l'âge du bronze parmi lesquels une des belles épées du Cantal.

Fischer (D' P.), aide-naturaliste au Muséum, à Paris. — Série des coquilles qui ont été utilisées aux temps paléolithiques.

Foucart, à Auxerre (Yonne). — Silex de la station de Saint-Georges, près Auxerre (Yonne).

Frossard (C.-L.), pasteur de l'église réformée, à Bagnères-de-Bigorre (Hautes-Pyrénées), et à Paris, rue de Boulogne, 14. — Quatre objets en bronze et photographies des objets de la caverne d'Aurensan (Hautes-Pyrénées).

Gaillard, maître d'hôtel, à Plouharnel (Morbihan). — Photographies de dolmens. — Collection Le Bail : série de haches polies et de colliers-talismans, hausse-col, bracelets et bague en or, pierre à bassin.

Garrigou (D' P.), à Toulouse (Haute-Garonne), rue Vallade, 38. — Produits de ses fouilles dans les grottes des Pyrénées; surtout âges de la pierre polie et du bronze. —

Série d'ossements cassés par l'homme à diverses époques. — Faune des cavernes des Pyrénées.

Germain (J.-C.), conducteur principal des ponts et chaussées, à Nice (Alpes-Maritimes), rue de France, 32. — Série ethnogénique des Alpes-Maritimes : âges de la pierre et du bronze, occupation préromaine et occupation romaine. — Tombeau romain en briques. — Carte archéologique de l'arrondissement de Nice et plan d'un camp romain.

Girard de Rialle (Mme), à Paris, rue de Clichy, 64. — Mobilier funéraire de sépultures du fer de Jausiers (Basses-Alpes).

Gourdon (M.), villa Maurice, à Luchon (Haute-Garonne). — Haches polies des frontières d'Espagne. — Vases et mobilier funéraire du cimetière de Saint-Mamet et des cromlechs de Benqué (Haute-Garonne), âge du fer.

Grellet-Balguerie, juge, à Lavaur (Tarn). — Trouvaille de bronze de Briateste (Tarn) et une épée en bronze trouvée dans la Garonne.

Guégan (P.), à Saint-Germain-en-Laye (Seine-et-Oise). — Plan et ossements humains du dolmen de l'Étang-la-Ville (Seine-et-Oise).

Guénot (Mme), à Paris, boulevard de Magenta, 79. — Produits d'un affouillement dans le lit de la Marne, à Charenton-le-Pont (Seine). — Silex du plateau de Coussac-le-Bon (Vienne).

Guénot (P.-L.), à Paris, rue du Faubourg-Saint-Denis, 104. — Silex du plateau de Lanquais (Dordogne).

Guérin (R.), pharmacien, à Paris, rue Saint-Martin, 125. — Silex de diverses stations de l'Eure, de l'Oise, de Seine-et-Marne et de Seine-et-Oise. — Objets en bronze de localités diverses. — Dessins de la découverte de bronzes de Frouard.

Hahn (A.), greffier de la justice de paix, à Luzarches (Seine-et-Oise). — Silex divers de la commune et du canton de Luzarches. — Cachette de fondeur de l'âge du bronze, à Luzarches. — Carte paléoethnologique du canton de Luzarches.

Hahn, à Luzarches (Seine-et-Oise), et **Millescamps**, à Paris, boulevard Malesherbes, 19. — Mobilier funéraire du cimetière néolithique du Campan, à Luzarches (Seine-et-Oise).

Harant, agent voyer de l'arrondissement, à Château-Thierry (Aisne). — Silex et haches polies de diverses localités de l'arrondissement de Château-Thierry. — Pierre à bassin de Bonnes (Aisne).

Hardy (M.), à Dieppe (Seine-Inférieure), Grande-Rue, 41. — Chelléen, moustérien et robenhausien de diverses localités de la Seine-Inférieure. — Station solutréenne de Badegoule (Dordogne).

Huot (G.), à Saint-Julien, près Troyes (Aube). — Silex quaternaires des Hauts de Saint-Julien. — Atelier du bois Marot et station de la Planche.

Jacquème (D^r), pharmacien, à Marseille (Bouches-du-Rhône). — Ossements et mobilier de la station sépulcrale de Laurès-sur-Durance (Vaucluse).

Jacquinot (Dr H.), à Sauvigny-les-Bois, près Nevers (Nièvre). — Série de silex d'eau douce taillés trouvés à Sauvigny (Nièvre).

Jeanjean (A.), à Saint-Hippolyte-du-Fort (Gard). — Produits de fouilles dans les cavernes du Gard, de l'Hérault et de la Lozère.

Jourde, employé de commerce, à Auxerre (Yonne). — Silex de Fournauden et Beauchêne (Yonne).

Labat (A.), peintre, à Paris, rue Marcadet, 71. — Aquarelles représentant des monuments mégalithiques de Bretagne et de l'Oise.

3.

Lalande (P.), receveur des hospices, à Brive (Corrèze). — Cartes paléoethnologiques de la Corrèze et de la commune de Brive. — Séries paléolithique et néolithique de la commune de Brive.

Landesque (L.), curé de Devillac, par Villeréal (Lot-et-Garonne), et **Cardenal** (**M**^{me} **de**), à Villeréal. — Silex d'époques diverses des plateaux de Lot-et-Garonne et des cavernes de la Dordogne.

Leblan (F.), propriétaire, à Caix (Somme). — Fonderie de bronze de Caix.

Le Bon (**D**^{r} G.), à Paris, rue de la Ferme-des-Mathurins, 29. — Tableau de l'industrie de l'homme avant l'histoire.

Lecocq (G.), avocat, à Amiens (Somme), rue des Capucins, 53. — Coupes des sablières de Montières et Saint-Acheul, Amiens. — Silex taillés des mêmes sablières. — Ethnologie de la Somme : chelléen et moustérien, robenhausien, âge du bronze représenté par une trouvaille faite à Amiens, objets et ossements romains et mérovingiens.

Lefizelier (J.). — Carte paléolithique et archéologique du département de la Mayenne.

Le Grand de Mercey (Baron). — Exploration des berges de la Saône : silex, fragments de poterie, crâne humain, objets en bronze, etc. — Haches polies de l'Ain et de Saône-et-Loire. — Grotte de Pesson (Ain), objets en bronze.

Leguay (L.), architecte, à Paris, rue de la Sainte-Chapelle, 3. — Nombreuse série de dessins d'objets paléoethnologiques de Paris et des environs. — Mobilier funéraire de sépultures néolithiques de la Varenne-Saint-Hilaire (Seine).

Leguay (**M**^{me} **L.**), à Paris, rue de la Sainte-Chapelle, 3. — Objets en pierre et en bronze trouvés dans la Seine, à Paris.

Leguay (**M**^{lle} **J.**), à la Varenne-Saint-Hilaire (Seine). — Sépultures néolithiques des berges de la Seine, à Villeneuve-Saint-Georges (Seine-et-Oise), à Choisy-le-Roi et à Issy (Seine).

Lejeune (E.), directeur de l'Agence internationale d'échange, à Calais (Pas-de-Calais), rue Notre-Dame. — Fouilles de la grotte de la Grande-Chambre. — Kioekkenmœddings de Wissant. — Atelier d'Escalles (Pas-de-Calais).

Lenoir (F.), à Paris, rue d'Enfer, 97. — Séries des stations du Moustier, de Laugerie-Haute, de la Madeleine, de Bruniquel, des Eyzies et de Preuilly.

Leroy, ingénieur au chemin de fer de l'Est, à Paris, rue du Faubourg-Saint-Denis, 157. — Ossements et haches chelléennes en silex des alluvions quaternaires de Chelles (Seine-et-Marne). — Plan et coupes des sablières de Chelles.

L'Isle (P. et G. **de**), au château de Féronnière, commune de la Haye-Fouassière (Loire-Inférieure). — Silex moustériens de l'Etranglard, commune de Saint-Géreon. — Silex magdaléniens de Bevrol, à la Haye-Fouassière. — Silex robenhausiens d'autres stations de la Loire-Inférieure.

Longuemar (A. **de**), conservateur du musée, à Poitiers (Vienne), rue Barbate, 5. — Carte et tableau archéologiques de la Vienne.

Loustau (**M**^{me} C.), à Crépy-en-Valois (Oise), rue des Béguines, 4. — Deux bracelets en bronze à spirale d'une tombe des environs de Sarrelouis.

Mailly, percepteur, à Étampes (Seine-et-Oise). — Silex paléolithiques et haches polies diverses de la Côte-d'Or. — Objets mérovingiens de Rougemont.

Malafosse (L. **de**), au château des Varennes, par Bazièges (Haute-Garonne). — Mobilier de dolmens de la Lozère.

Maret (A. **de**), au Ménieux, par Montambœuf (Charente). — Grotte du Placard, objets solutréens et magdaléniens; parmi ces derniers, des os gravés. — Grotte sépulcrale de Villhonneur (Charente). — Mobilier funéraire des dolmens de Saint-Césaire (Alpes-Maritimes).

Maricourt (Comte R. **de**), au château de Villemétrie, commune de Senlis (Oise). — Époque de la pierre des environs de Braye-sur-Seine.

Maricourt (Comte R. **de) et Caudel,** à Senlis (Oise). — Haches de pierre des environs de Senlis.

Marionneau (C.), ancien président de la Société archéologique de Nantes-Vertou, à la Salmonnière (Loire-Inférieure), et à Nantes, boulevard Delorme, 14. — Instruments en bronze et âge de la pierre du canton de Vertou.

Martin, capitaine de vaisseau. — Série de haches en pierre polie et silex taillés des environs de Smyrne.

Massenat (É.), à Brive (Corrèze). — Station de Ressaulier. — Station moustérienne de Chez-Pouré. — Station magdalénienne du Pouzet, de Comba-Negro, de Champs, etc. — Station du Moustier. — Station solutréenne de Laugerie-Haute et de Badgoule. — Station magdalénienne de Laugerie-Basse, silex, nombreux instruments en os, gravures, sculptures, faune et ossements humains.

Maufras (E.), notaire, à Pons (Charente-Inférieure). — Carte paléoethnologique de la Charente-Inférieure.

Millescamps (G.), à Paris, boulevard Malesherbes, 19. — Fouilles des monuments mégalithiques de Thimecourt, près Luzarches (Seine-et-Oise). — *Voir* **Hahn.**

Mommeja (J.), propriétaire, à Caussade (Tarn-et-Garonne). — Carte préhistorique du département de Tarn-et-Garonne.

Morel, percepteur, à Châlons-sur-Marne, rue Titon. — Ethnogénie de la Marne, contenant : haches chelléennes, pointes moustériennes, séries robenhausiennes, objets en bronze, crânes et mobilier des cimetières gaulois, romains et mérovingiens.

Mortillet (G. de), professeur à l'École d'anthropologie, au château de Saint-Germain-en-Laye (Seine-et-Oise). — Carte paléoethnologique des environs de Paris. — Coupe du gisement de Thenay (Loir-et-Cher), par M. C. Collomb. — Tableau archéologique de la Gaule. — Carte glacière de la Suisse, par Morlot, et série de dessins de crânes d'ours des cavernes, par Trutat. — Tableaux muraux de son cours : classification préhistorique, plans et fermetures des dolmens, etc.

Mortillet (A. de), au château de Saint-Germain-en-Laye (Seine-et-Oise). — Dix-huit cartons représentant la classification des temps préhistoriques de M. G. de Mortillet.

Musée Lepic, à Aix-les-Bains (Savoie). — Mobilier de la grotte de Savigny (Savoie).

Musée de la ville d'Albi. Conservateur : M. Jolibois (É.), à Albi (Tarn). — Objets en bronze du département du Tarn.

Musée d'Arles. Conservateur : M. Huart, à Arles (Bouches-du-Rhône). — Mobilier de la grotte-dolmen de Castellet, avec perles d'or, et vertèbre percée d'une flèche.

Musée d'Auxerre. Conservateur : M. Cherest; délégué : M. Berthelot (L.), à Paris, rue de l'Arbalète, 39. — Dessins de la grotte de Saint-Moré. — Séries diverses de silex.

Musée d'Avallon (Yonne). Conservateur : M. Bardin; représentant, M. Cotteau (E.), à Paris, rue Sedaine, 4. — Objets de l'époque du bronze provenant surtout d'une cachette.

Musée de Beauvais (Oise). Conservateur : M. Carron. — Haches polies et haches en bronze de l'Oise. — Épées en bronze.

Musée préhistorique et ethnologique de Bordeaux, au jardin public. Conservateur : M. Gassies. — Séries des cavernes, de la pierre polie et du bronze du sud-ouest de la France, principalement de la Gironde.

Musée de Chambéry, Musée Lepic d'Aix-les-Bains, collections du duc **de Chaulnes** et du comte **Costa de Beauregard.** — Série complète des lacustres du Bourget remplissant deux grandes vitrines.

Musée de Chambéry. Conservateur : M. Perrin (A.), à Chambéry (Savoie), rue des Portiques. — Station néolithique du plateau de Saint-Saturnin (Savoie). — *Voir* **Davat.**

Musée départemental des Vosges, à Épinal. Conservateur : M. Voulot (F.). — Haches polies, instruments en os et poteries des Vosges et de la grotte de Cravanches. — Crânes humains.

Musée de Lons-le-Saunier (Jura). Conservateur : M. Robert (Z.). — Station lacustre de Clairvaux, robenhausienne. — Série de haches polies et d'instruments en silex et série d'instruments en bronze du Jura.

Musée de la Société d'agriculture de Mende (Lozère). Conservateur : M. André, archiviste du département. — Série des dolmens et des grottes sépulcrales de la Lozère. — Haches polies du même département. — Trouvailles de bronze de Carnac, à Saint-Chely-du-Tarn.

Musée de Moulins. Conservateur : M. Queyras, à Moulins (Allier), rue Neuve, 11 ; délégué : M. Esmonnot. — Trois beaux instruments en pierre.

Musée archéologique de Nantes. Conservateur : M. Parenteau. — Haches en pierre et objets en bronze de la Loire-Inférieure. — Superbe hache à bouton en diorite.

Musée de Narbonne (Aude). Conservateur : M. Berthomieu. — Fouilles des grottes de Bize et de Crouzade (Aude). — Ages de la pierre et du bronze de la chaîne des Corbières (Aude).

Musée de Nérac. Conservateur : M. Faugère-Dubourg, à Nérac (Lot-et-Garonne). — Instruments en pierre et en bronze de Lot-et-Garonne, de la Gironde et du Gers. — Mobilier funéraire du dolmen de Fargens. — Fouilles de la villa romaine de Bapteste. — Cimetière mérovingien.

Musée de Niort (Deux-Sèvres). Conservateur de la partie préhistorique : M. Babert de Juillé. — Mobiliers et ossements des tumulus de Bougon, d'Availles-sur-Chizé et de la Villedieu. — Collier d'or de Saint-Laurs (Deux-Sèvres).

Musée de Saumur (Maine-et-Loire). Conservateur : M. Zupp (G.), rue du Portail-Louis. — Objets en pierre et en bronze des environs de Saumur.

Musée de Semur (Côte-d'Or). Conservateur : M. Collenot ; représentant : M. Bruzard président de la Société des sciences de Semur. — Silex et ossements de la brèche de Genay. — Conglomérat du plateau d'Alise-Sainte-Reine. — Stations diverses paléolithiques de l'arrondissement de Semur. — Séries de l'âge du bronze et des tumulus du même arrondissement.

Musée d'histoire naturelle de Troyes (Aube). Conservateur : M. Ray (J.), à Troyes. — Silex des plateaux d'Othe. — Tufs de Resson. — Station de la Bordonne et localités diverses de l'Aube. — Mobilier de dolmens. — Crânes humains préhistoriques. — Deux polissoirs en grès de l'Aube.

Musée de Vienne (Isère). Conservateur : M. Leblanc ; exposant : M. Ronjat (J.), maire. — Instruments en pierre de Vienne et objets en bronze des environs.

Nicaise (A.), juge de paix, à Châlons-sur-Marne. — Cartes archéologiques de la Marne et de Châlons-sur-Marne. — Dessins archéologiques. — Ethnogénie de la Marne : objets et ossements paléolithiques, néolithiques, du bronze, des tumulus, gaulois, romains et mérovingiens. — Chapelet avec une pointe de flèche en silex.

Olivier (D'), à Saint-Raphaël (Var). — Objets en pierre et mobilier de dolmen du Var. — Cachette du bronze de la Combe-Saint-Vallier (Alpes-Maritimes).

Ollier de Marichard (J.), à Vallon (Ardèche). — Fouilles des cavernes des environs de Vallon : instruments en pierre et surtout en os. — Mobiliers funéraires de dolmens et de tumulus de l'Ardèche. — Ossements humains des cavernes, des dolmens et des tumulus, entre autres six crânes des tumulus du Liby. — Carte paléoethnologique de l'Ardèche, et carte du pays des Helviens.

Parenteau, directeur du musée archéologique de Nantes. — Nombreuse série d'objets en bronze. — Fonderie du Jardin des plantes, à Nantes.

Parrot (D^r), professeur à la Faculté de médecine de Paris, quai Malaquais, 15. — Fouilles de la grotte de Saint-Martin-d'Exideuil (Dordogne) : époque solutréenne, faune et industrie. — Plan et coupe de la grotte.

Perrin (A.), conservateur du musée archéologique, à Chambéry (Savoie), rue des Portiques, et **Revon** (L.), conservateur du musée, à Annecy (Haute-Savoie). — Carte paléoethnologique de la Savoie et de la Haute-Savoie.

Piette (E.), juge de paix, à Craonne (Aisne), et **Sacaze** (J.), (Haute-Garonne). — Carte des alignements et des cromlechs de l'Espiaup (Haute-Garonne). — Carte des tumulus d'Avezac (Hautes-Pyrénées). — Mobilier funéraire des tumulus d'Avezac.

Piketty (Er.), à Paris, boulevard de la Contrescarpe, 30 *bis.* — Série d'instruments en bronze dragués dans la Seine entre Melun et Paris.

Piketty (Eu.), architecte, à Paris, boulevard de la Contrescarpe, 30. — Silex quaternaires des environs de Paris. — Série de silex des dragages de la Seine entre Melun et Paris. — Sépulture robenhausienne de la Pierre des Mousseaux, à Draveil-Vigneux (Seine-et-Oise), avec un des crânes perforés.

Plasson (H.), fabricant, à Paris, avenue de Breteuil, 68. — Cadres en zinc découpé pour photographies et dessins. — Montures pour collections. — Reliures mobiles pour albums et catalogues.

Plessier (L.), conducteur des ponts et chaussées, à Maignelet (Oise). — Silex paléolithiques et néolithiques de diverses localités de l'Oise.

Pommerol (Dr F.), à Gerzat (Puy-de-Dôme). — Silex et ossements des alluvions quaternaires du Puy-de-Dôme. — Produit des fouilles des habitations en pierre sèche de Saint-Nectaire.

Pottier (R.), agent de la compagnie d'assurances *la Méridionale,* à Toulouse (Haute-Garonne). — Stations néolithiques et paléolithiques de l'arrondissement de Dax (Landes), de Saint-Pierre-d'Irube (Basses-Pyrénées) et de Gargas (Vaucluse).

Prunières (D^r), à Marvejols (Lozère). — Mobiliers funéraires des dolmens, des grottes sépulcrales et des tumulus des environs de Marvejols. — Os brûlés et calcinés. — Ossements humains normaux et pathologiques.

Pulligny (Vicomte **de**), au château de Chemay-sur-Écos (Eure), et à Paris, rue de Vienne, 5. — Silex du département de l'Eure.

Rabut (L.), professeur de peinture à Chambéry (Savoie). — Nombreuse série lacustre du Bourget (Savoie).

Rames (J.-B.), géologue, à Aurillac (Cantal). — Silex tertiaires taillés du Puy-de-Courny (Cantal). — Haches paléolithiques et néolithiques du Cantal. — Relief glaciaire et carte paléoethnologique du Cantal.

Regnault (F.), à Toulouse (Haute-Garonne), rue de la Trinité, 19. — Squelette du grand ours des cavernes. — Tête d'ours et autres ossements. — Série d'os cassés des cavernes des Pyrénées.

Revon (L.), à Annecy (Haute-Savoie). — *Voir* **Perrin.**

Rivière (E.), à Paris, rue du Bac, 93. Mission du Ministère de l'instruction publique. — Produits des fouilles des grottes de Grimaldi et de Menton, faune et industrie. — Station préhistorique de Beaulieu. — Sculptures sur rocher du lac des Merveilles. — Haches chelléennes. — Ossements humains des alluvions,

Robinot de Saint-Cyr, propriétaire, au château de la Roche-en-Guenroc, par Caulnes (Côtes-du-Nord). — Série de haches polies du département.

Rouquette (L'abbé), à Millau (Aveyron). — Faune quaternaire de la grotte de Peyrre (Aveyron), et mobiliers de dolmens de la même localité.

Rupin (E.), à Brive (Corrèze). — Vingt-quatre fusains représentant les monuments mégalithiques et les grottes artificielles des environs de Brive, avec plans. — Grandissement de la chasse à l'aurochs, de Laugerie-Basse.

Sacaze, à Saint-Gaudens (Haute-Garonne). — *Voir* **Piette.**

Salmon (P.), à Paris, rue Le Peletier, 29. — Série d'objets paléoethnologiques provenant des dragages de la Seine entre Paris et Melun, rangés par localité. — Objets en pierre de Vaudeurs et des environs (Yonne). — Carte paléoethnologique de Vaudeurs (Yonne). — Carte paléoethnologique de l'Yonne. — Carte paléoethnologique de la Seine en amont de Paris.

Saporta (Comte G. **de**), à Aix-en-Provence (Bouches-du-Rhône). — Série de plantes fossiles de divers gisements de France montrant la décroissance de la température du tertiaire moyen au quaternaire.

Sirodot, doyen de la Faculté des sciences de Rennes (Ille-et-Vilaine). — Fouilles du Mont-Dol (Ille-et-Vilaine), silex et ossements. — Dentition complète du mammouth. — Cartes, plans et coupes du Mont-Dol.

Société scientifique et littéraire d'Alais (Gard). — Grotte des Morts, à Durfort (Gard), fouilles de M. Teissier et fouilles de MM. Ollier de Marichard et Cazalis de Fondouce.

Société des sciences de l'Yonne, à Auxerre. Objets provenant du musée. — Grotte robenhausienne de Nermont, à Saint-Moré. — Grotte des Fées, à Arcy-sur-Cure, silex et faune quaternaire. — Objets robenhausiens de localités diverses, entre autres un bracelet en calcaire.

Société archéologique du Midi, à Toulouse (Haute-Garonne). — Instruments en bronze.

Société photographique de Toulouse. — Photographies de crânes, d'instruments en or et de monuments mégalithiques.

Société polymathique de Vannes (Morbihan). Conservateur de la collection : M. Davy de Cussé. — Série de haches en bronze et deux haches en plomb du Morbihan.

Société archéologique de Vervins (Aisne). Vice-président : M. Papillon (L.). — Série de la station mousterienne de Chévennes, et silex divers d'autres stations des environs de Vervins.

Souché, instituteur, à Pomproux (Deux-Sèvres). — Silex récoltés dans les champs aux environs de Bougon. — Fouille de tumulus avec dolmen. — Haches en bronze des Deux-Sèvres. — Fouille d'un dolmen sans tumulus.

Topinard (Mᵐᵉ **P.),** à Paris, rue de Rennes, 97. — Silex des alluvions quaternaires et des plateaux de Verberie (Oise).

Tournier, pasteur, Pressy-Vendœuvre, à Genève (Suisse). — Haches polies et mobilier funéraire de diverses sépultures de l'âge du fer des Hautes-Alpes. — Torques en argent. — Mobilier funéraire de dolmens de l'Aveyron.

Tournouër (R.), géologue, à Paris, rue de Lille, 43. — Coquilles, ossements et figues des tufs quaternaires de la Celle (Seine-et-Marne).

Valentin-Smith, à Trévoux (Ain). — Silex solutréens et robenhausiens du bord de la Saône. — Bronze du département de l'Ain.

Vesly (L. de), préparateur de cours à l'École des ponts et chaussées, à Paris, rue Berthollet, 12. — Carte paléoethnologique de la Seine-Inférieure. — Plan et vue du dolmen de Try-le-Château (Oise).

Vielle (Am.), juge de paix, à Noailles (Oise). — Silex de la Chapelle-la-Reine (Seine-et-Marne.

Vielle (Al.), juge de paix à Luzarches (Seine-et-Oise). — Silex du canton de Cerisiers (Yonne) et de la station de Rigale, près Luzarches (Seine-et-Oise).

Vinet (A.), à Senlis (Oise). — Station palustre de la vallée de la Nouette (Oise), silex.

Violet (C.), libraire et photographe, aux Vans (Ardèche). — Photographies de dolmens de l'Ardèche.

Watelet, professeur, à Soissons (Aisne). — Ossements et silex taillés de la station quaternaire de Cœuvres. — Silex paléolithiques et néolithiques de diverses stations du département de l'Aisne et surtout du Soissonnais.

Wismes (Baron **de**), président de la Société archéologique, à Nantes (Loire-Inférieure). — Objets paléoethnologiques et gallo-romains de la Loire-Inférieure. — Crâne avec blessure.

V.

DÉMOGRAPHIE.

Albespy (D^r^), à Rhodez (Aveyron). — Influence des milieux sur la constitution des conscrits dans l'arrondissement de Rhodez (1850-1855, 1860-1865, 1871-1876).

Balestre (D^r^), à Nice (Alpes-Maritimes). — Mortalité de la première enfance à Nice, 1861-1875.

Bertillon (D^r^), professeur de démographie et de géographie médicale à l'École d'anthropologie, à Paris, rue de Monsieur-le-Prince, 20. — Mouvement de la population française étudiée en chaque période décennale depuis 1801. — Population pubère en chaque sexe pris isolément (célibataires, époux, veufs), en France, Angleterre, Bavière, Belgique, Danemark, Ecosse, Irlande, Norwège, Pays-Bas, Portugal, Prusse, Suède, Suisse. — Population française nubile par état civil dans chaque département (1856-1866) et par deux groupes d'âge : 1° pour les hommes de 18 à 55 ans et de 55 à 60; 2° pour les femmes de 15 à 45 ans et de 45 à 60. — Population française à chaque âge et et par sexe, comparée à la population première. — Population française et belge par état civil, comparée en chaque période quinquennale d'âge. — Population française par grand groupe d'âge et dans chaque département (1856-1866), de 0 à 15 ans, de 15 à 60 ans, de 60 à ω). — Population spécifique de la France dans chaque département (moyenne des 3 census 1856, 1861, 1866). — Accroissement de la population française en chaque département depuis 1801 jusqu'à 1861 : 1° de fait, selon les dénombrements de 1801 à 1851-1861; 2° physiologique, d'après l'excès des naissances sur les décès. — Population française par état civil, en chaque département : filles, épouses, veuves. — Nuptialité de chaque sexe en France par groupe d'âge et en chaque département (1856-1865). — Mariage des célibataires, répartition des fiancés de chaque sexe et de chaque âge se mariant ensemble, en France et en Angleterre. — Gémellité (mort-nés compris); proportions des grossesses doubles à sexe croisé; proportions des grossesses doubles à un seul sexe, comparées à l'ensemble des grossesses doubles. — Probabilité de mort de la première année de la vie à chaque âge (semaine et mois) et pour chaque catégorie d'état civil et d'habitant, France 1856-1865. — Probabilité de mort de la première année de la vie comparée en France et en Suède. — Probabilité de mort de 0 à 1 an. — Mortalité de 1 à 5, de 5 à 15, de 20 à 40, de 40 à 60, de 60 à ω ans. —

Mortalité selon les mois de l'année moyenne (1856-1865) en France et à différents âges.
— Mortalité par groupe d'âge en chaque état civil ou aire mortuaire comparée des
époux, des célibataires et des veufs de chaque sexe. — Mortalité générale figurée par âge
et par sexe pour la France entière (1857-1866). — Schema de la succession des décès
de chaque génération et de la constitution de la population de chaque âge. — Tableau
de la distribution géographique, dans le monde, des principales maladies. — Distribution
de la chaleur sur la surface de la terre. — Cartes de la distribution des pluies sur la
surface de la terre, de la distribution des pluies en Europe, carte hydrométrique du
monde, carte des courants atmosphériques dans le monde, carte de la distribution géographique des maladies dans la zone torride, sous-tempérée et tempérée, sous-tempérée
et arctique.

Boucher, ingénieur, au Havre (Seine-Inférieure), rue du Canal, 5. — Cercle à calcul
permettant de faire tous les calculs d'arithmétique et de trigonométrie.

Broca (P.), professeur à la Faculté de médecine, à Paris, rue des Saints-Pères, 1. —
Carte de la taille en basse Bretagne.

Brodier, chef de division à la préfecture de l'Yonne. — Étude statistique dans chaque
canton du département de l'Yonne, embrassant le sol, la propriété, la population, l'instruction.

Chervin (D'), directeur des *Annales de démographie internationale*, professeur à l'institution des bègues de Paris, à Paris, avenue d'Eylau, 90. — Essai de géographie médicale de la France d'après les documents fournis par les procès-verbaux des conseils de
révision (1850-1869). — Carte de la distribution géographique des réformés comme
atteints d'infirmités physiques. — Géographie médicale des départements de la Seine-
Inférieure, de l'Oise, de l'Eure et de l'Orne, d'après le nombre des conscrits exemptés
dans chaque canton comme atteints d'infirmités rendant impropre au service militaire
(1850-1869). — Statistique démographique de l'Espagne (1865-1869). — Comparaison
des naissances et des décès dans chaque province. — Statistique du bégayement dans la
province de Madrid (1856-1868). — Statistique du mouvement de la population en
Espagne.

Chervin aîné, directeur de l'institution des bègues de Paris, à Paris, avenue d'Eylau, 90.
— Statistique du bégayement en France. — Carte de France indiquant la distribution
géographique des bègues exemptés du service militaire de 1850 à 1869. — Carte de
France indiquant les variations dans la fréquence du bégayement pendant les périodes
décennales 1850-1859, 1860-1869. — Tracé graphique indiquant la marche annuelle,
quinquennale et décennale du bégayement en France, de 1850 à 1869.

Chervin (A.), professeur à l'institution des bègues de Paris, à Paris, avenue d'Eylau, 90.
— Statistique du bégayement en Italie, 1874-1875-1876.

Drivet, à Paris, boulevard Arago, 71. — Relief indiquant les stations de cures d'air de la
Haute-Savoie.

Duché (D'), à Ouanne (Yonne). — Carte de la distribution géographique et géologique de
l'aptitude militaire; des exemptions pour petitesse de taille, pour hernie et pour mau-
vaise denture dans chacun des 37 cantons de l'Yonne (de 1840 à 1876).

Fabry, commandant du recrutement, à Lille (Nord). — Classement des départements
d'après la proportion des examinés (classes de 1856, 1857, 1859, 1866). — Distribution géographique des exemptions pour infirmités (classes de 1856, 1857, 1859, 1866).
— Distribution géographique des exemptions pour défaut de taille (classes de 1856,
1857, 1859, 1866). — Distribution géographique des exemptions pour causes légales
(classes de 1856, 1857, 1859, 1866).

Jourdanet (D'), à Paris, rue de Berry, 1. — Panorama des Andes et de la Cordillière
intertropicales pour servir au tracé des limites hysométriques agissant sur la santé et la
production des maladies, avec indication de la hauteur des neiges persistantes et de la
température moyenne de divers lieux importants.

Lafabrègue (R.), directeur de l'hospice des enfants assistés de la Seine, à Paris, rue d'Enfer, 74. — Un atlas de 24 cartes de démographie. — Quatre cartes murales relatives à la mortalité dans la première année de la vie (période 1872, 1873, 1874).

Lagneau (D^r), à Paris, rue de la Chaussée-d'Antin, 38. — Cartes des exemptés du service militaire pour infirmités diverses.

Levasseur, membre de l'Institut, à Paris, rue Monsieur-le-Prince, 26. — Population de la France : densité par département en 1876 et par canton en 1872. — Population de l'Europe. — Population de la terre : densité par États ou par régions.

Lunier (D^r), inspecteur général des maisons d'aliénés de France, à Paris, rue de l'Université, 6. — Consommation de l'alcool en 1875. — Morts accidentelles par suite d'excès de boisson (1872-1875). — Statistique des inculpés pour cause d'ivresse publique. — Consommation du cidre, du vin, de la bière en 1875. — Statistique de la folie de cause alcoolique (1867 à 1869, 1874 à 1876). — Classement des départements d'après le chiffre relatif des suicides par excès de boisson en 1876.

Magitot (D^r), à Paris, rue des Saints-Pères, 8. — Carte de la distribution géographique de la carie dentaire dans les 86 départements de la France.

Maher (D^r), à Rochefort (Charente-Inférieure), rue des Fonderies, 22. — Statistique médicale de Rochefort (1854-1876).

Pietra Santa (D^r de), à Paris, boulevard Haussmann, 173. — Carte de la fièvre typhoïde à Paris pendant les douze mois de 1876. — La fièvre typhoïde à Paris dans les vingt ans.

Poulet (D^r), à Plancher-les-Mines (Doubs). — Recherches statistiques sur la mortalité à Plancher-les-Mines à un siècle d'intervalle.

Vauthier (L.-L.), ingénieur des ponts et chaussées, à Paris, place Bréda, 13. — Cartes statistiques à reliefs dessinées d'après une nouvelle méthode. — Population de la France en 1876; natalité générale (1856-1865); nuptialité (1856-1865); mortalité générale (1856-1865); mortalité des enfants de 0 à 1 an (1857-1866); mortalité des enfants de 1 à 5 ans (1857-1866). — Carte statistique de la ville de Paris figurant la répartition de la population.

VI.

BIBLIOGRAPHIE.

Accolas (E.), professeur de droit, à Paris, rue Monsieur-le-Prince, 25. — L'anthropologie et le droit. Paris, 1873, in-8°. — Loi générale de l'évolution de l'humanité. Paris, 1876, in-8°.

Bataillard (P.), archiviste de la Faculté de médecine, à Paris.

De l'apparition des Bohémiens. Paris, 1844, in-8°.

La Moldo-Valachie dans la manifestation de ses efforts et de ses vœux. Paris, 1856, in-8'.

Premier point de la question d'Orient. Les principautés de Moldavie et de Valachie devant le Congrès. Paris, 1856, in-8°.

Sur les Bohémiens. (Revue critique d'histoire et de littérature. Paris, 1er octobre 1871.)

Sur les Bohémiens. (La Cloche. Paris, 16 mai 1872.)

Les derniers travaux relatifs aux Bohémiens dans l'Europe orientale. Paris, 1872, in-8°.

Nouvelles recherches sur l'apparition et la dispersion des Bohémiens en Europe. Paris, 1849, in-8°.

Notes et questions sur les Bohémiens en Algérie. Paris, 1874, in-8°.

Sur les origines des Bohémiens ou Tsiganes, avec l'explication du nom *Tsigane*. Paris, 1875, in-8°. (Extrait de la Revue critique.)

Sur les origines des Bohémiens ou Tsiganes. Les Tsiganes de l'âge du bronze; études à faire sur les Bohémiens actuels. Paris, 1876, in-8°.

État de la question de l'ancienneté des Tsiganes en Europe. Paris, 1877, in-8°.

Baudon (Dr A.), à Beauvais (Oise). — Mémoire sur les silex travaillés de l'atelier du Camp Barbet, à Janville, canton de Mouy (Oise). Beauvais, 1873, in-8°.

Baudry (L'abbé), au Bernard (Vendée). — Puits funéraires gallo-romains du Bernard (Vendée). La Roche-sur-Yon, 1873, in-8°.

Berchon (E.), chirurgien de la marine, à Pauillac (Gironde).

Relation médicale d'une campagne aux mers du Sud. Paris, 1858, in-4°. (Thèse.)

Recherches sur le tatouage. Paris, 1861, in-8°. (Extrait de la Gazette médicale.)

Histoire médicale du tatouage. Paris, 1869, in-8°.

Bert (P.), professeur à la Faculté des sciences, à Paris.

Mariages consanguins. Paris, 1864, in-8°.

Éloge de Gratiolet. Paris, 1866, in-8°.

La pression barométrique. Paris, 1878, in-8°.

Bertillon (Dr A.), professeur à l'École d'anthropologie, à Paris, rue Monsieur-le-Prince, 20.

Éléments de l'hygiène dans leurs rapports avec la durée de la vie humaine. Paris, 1852, in-4°. (Thèse).

Études statistiques de géographie pathologique. Paris, 1862, in-8°.

Acclimatement, acclimatation. Paris, 1864, in-8°. (Extr. du Dict. encycl. des sc. méd.)

Pierre Gratiolet, sa vie et ses travaux. (Gazette hebd. de médecine. Paris, 1865.)

Congrès international de statistique. Paris, 1866, in-8°.

Angles céphaliques. Paris, 1866, in-8°. (Extr. du Dict. encycl. des sc. méd.) — Australie. (Extr. *ibid.*) — Autriche. (Extr. *ibid.*).

Des diverses manières de mesurer la durée de la vie humaine. Paris, 1866, in-8°. (Extr. du journ. de la Soc. de statistique.)

Bade. Paris, 1866, in-8°. (Extr. du Dict. encycl. des sc. méd.) — Bavière. Paris, 1866, in-8°. — Belgique. Paris, 1869, in-8°. — Grande-Bretagne. Paris, 1869, in-8°. — Laponie. Paris, 1869, in-8°. (Extr. *ibid.*)

De la mortalité parisienne croissante selon les morts, décroissante selon les naissances. Versailles, 1869, in-8°.

Détermination de la mortalité dans les différents milieux, ou méthode pour calculer la mortalité d'une collectivité. Strasbourg, 1869, in-8°.

Cartes de la mortalité française par âges et par départements. In-f°.

Statistique. Mortalité des mariés, célibataires, veufs. Paris, 1871, in-f°.

Valeur philosophique de l'hypothèse du transformisme. Paris, 1871, in-8°. (Extr. des Bull. de la Soc. d'anthrop. de Paris.)

La population française particulièrement comparée à la mortalité du département du Rhône. Lyon, 1873, in-8°. (Extr. fact. de l'Association française pour l'avancement des sciences.)

La démographie du département du Nord. (Extr. fact. de l'Association française pour l'avancement des sciences.)

Des combinaisons de sexe dans les grossesses gémellaires (doubles ou triples); de leur cause et de leur caractère ethnique. Paris (sans date), in-8°. (Extr. des Bull. de la Soc. d'anthrop. de Paris.)

Démographie figurée de la France, ou étude statistique de la population française. Paris, 1874, in-f°.

Mariage. (Extr. du Dict. encycl. des sc. méd.) — **Mort violente.** (Extr. *ibid.*) — **Mort-nés.** (Extr. *ibid.*) — **Mortalité.** (Extr. *ibid.*) — **Mésologie.** (Extr. *ibid.*) — **Migration.** (Extr. *ibid.*) — **Natalité.** (Extr. *ibid.*)

Exposé des travaux scientifiques du docteur Bertillon, candidat à l'Académie de médecine. Paris, 1875, in-4°.

Considérations générales sur la démographie. Bruxelles, 1877, in-8°.

La natalité française et les causes de son affaiblissement (cours professé à l'École d'anthropologie). Revue scientifique, 24 mars 1877.

Rapport sur la mortalité de la première enfance. Paris, 1878, in-8°. (Congrès int. d'hygiène.)

Bertillon (J.), à Paris, rue Monsieur-le-Prince, 20. — Ouverture des cours d'anthropologie. (Journal *la Nature*, Paris, 13 janvier 1877.) — Finlande. (Extr. du Dict. encycl. des sciences méd.) — Russie. (*Ibid.*)

Bonnafont, ancien médecin principal de l'armée, à Paris, rue de Mogador, 3.

Géographie médicale d'Alger et de ses environs. Alger, 1839, in-8°. — Réflexions sur l'Algérie, particulièrement sur la province de Constantine. Paris, 1846, in-8°. — La femme arabe dans la province de Constantine, Paris, 1866, in-8°. — Sur l'acclimatement des Européens et de l'existence d'une population civile romaine en Algérie. Paris, 1871, in-8°.

Boudin (Mme V^e), à Paris.

Statistique de l'état sanitaire et de la mortalité des armées, par le docteur Boudin, médecin principal de l'armée. Paris, 1846, in-12.

Du croisement des espèces, des races et des familles, par le même. Paris, in-8°. (Extr. du Bulletin de la Société d'anthropologie.)

Lettres sur l'Algérie, par le même. Paris (sans date), in-8°.

Études de physiologie et de pathologie comparée des races, par le même. Paris, in-8°.

Statistique médicale des armées, par le même. Paris, 1849, in-8°.

Bourgeois (L'abbé), directeur du séminaire de Pontlevoy (Loir-et-Cher).

Notice sur la grotte de la Chaise. Paris, 1865, in-8°. (En collaboration avec M. Delaunay.)

Une sépulture de l'âge du bronze dans le département de Loir-et-Cher. Paris, 1875, in-8°.

La question de l'homme tertiaire. Louvain, 1877, in-8°.

Grotte sépulcrale de Villehonneur (Charente). Toulouse, 1878, in-8°.

Broca (P.), professeur à la Faculté de médecine, à Paris, rue des Saints-Pères, 1.

Sur les fouilles de l'ancien cimetière des Célestins. Publié par la ville de Paris, 1850.

Recherches sur l'hybridité animale en général et sur l'hybridité humaine en particulier. Paris, 1860, in-8°.

Recherches sur l'ethnologie de la France. Paris 1860, in-8°. (Extr. des bull. de la Société d'anthropologie de Paris.)

Instructions pour le Sénégal. Paris, 1860, in-8°. (*Ibid.*)

Échelle chromatique des yeux. Paris, in-8°. (Extr. des bull. de la Société d'anthropologie de Paris.)

Sur le siège de la faculté du langage articulé. Paris, 1861, in-8°. (*Ibid.*)

Anthropologie. (Extr. du Dictionnaire encyclopédique des sciences médicales.) 1866.

Sur les proportions relatives du bras. Paris, 1862, in-8°. (Extr. des bull. de la Société d'anthropologie de Paris.)

Sur le craniographe. (Extr. des bull. de la Société d'anthropologie de Paris.)

La linguistique et l'anthropologie. Paris, 1862, in-8°. (*Ibid.*)

Sur la capacité des crânes parisiens de diverses époques. Paris, 1862, in-8°. (*Ibid.*)

Sur les projections de la tête et sur un nouveau procédé de céphalométrie. Paris, 1862, in-8°. (*Ibid.*)

Sur des crânes provenant d'un cimetière de la Cité. Paris, 1862, in 8°. (*Ibid.*)

Remarques sur la nature de l'aphémie. Paris, 1863, in-8°. (*Ibid.*)

Sur les caractères des crânes basques. Paris, 1863, in-8°. (*Ibid.*)

Histoire des travaux de la Société d'anthropologie de Paris (1859-1863). Paris, 1863, in-8°. (Extr. des mémoires de la Société.)

Sur les origines des races d'Europe. Paris, 1864, in-8°. (Bull. de la Société d'anthropologie de Paris.)

Recherches sur l'ethnologie de la basse Bretagne. (Bull. Soc. anthrop. 1864.)

Qu'est-ce que les Celtes? Paris, 1864, in-8°. (*Ibid.*)

On the phenomena of hybridity in the genus homo, trad. par Carter Blake. Londres, 1864, in-8°.

Description of a new goniometer. Londres, in-8°.

Du siège de la faculté du langage articulé. Paris, 1865, in-8°. (Extr. des bull. de la Société d'anthropologie de Paris.)

L'intelligence des animaux et le règne humain. Paris, 1866, in-8°. (*Ibid.*)

Sur la couleur des cicatrices de nègre. (Bull. Soc. anthrop. 1866.)

Discours sur la mortalité des jeunes enfants. Paris, 1867, in 8°. (Extr. des bull. de l'Académie de médecine de Paris.)

Sur la prétendue dégénérescence de la population française. (*Ibid.*)

Sur le stéréographe. Paris, 1868, in-8°. (Extr. des bull. de la Société d'anthropologie de Paris.)

Mémoires sur les caractères du crâne des Basques de Saint-Jean-de-Luz. Paris, 1868, in-8°. (*Ibid.*)

Mémoires sur les ossements des Eyzies. Paris, 1868, in-8°. (*Ibid.*)

Sur les caractères anatomiques de l'homme préhistorique. Paris, 1868, in-8°. (*Ibid.*)

Compte rendu des travaux de la Société d'anthropologie des années 1864-1867. (Extr. des mémoires de la Société.)

Nouvelles recherches sur l'anthropologie de la France. Paris, 1869, in-8°. (Bull. de la Société.)

Sur les caractères de l'homme préhistorique. Paris, 1869, in-8°.

L'ordre des primates. Paris, 1870, in-8°. (*Ibid.*)

Études sur la constitution des vertèbres caudales chez les primates sans queue. Paris, 1872, in-8°. (*Ibid.*)

Sur le transformisme. Paris, 1871, in-8°. (*Ibid.*)

Les Troglodytes de la Vezère. (Revue scientifique, 16 novembre 1872.)

Sur la classification et la nomenclature craniologique d'après des indices céphaliques. (Extr. de la Revue d'anthropologie.)

Sur la déformation toulousaine du crâne. Paris, 1872, in-8°. (*Ibid.*)

Sur les proportions relatives des membres supérieurs et des membres inférieurs chez les nègres et les Européens. Paris, 1873, in-8°.

Sur la mensuration de la capacité du crâne. Paris, 1873, in-8°. (*Ibid.*)

Recherches sur la direction du trou occipital et sur les angles occipitaux et basilaire. Paris, 1873, in-8°.

Études sur les propriétés hygrométriques des crânes. Paris, 1874, in-8°. (Extr. des bull. de la Société d'anthropologie de Paris.)

Études sur les propriétés hygrométriques des crânes. Paris, 1874, in-8°. (Extr. de la Revue d'anthropologie.)

Sur les doctrines de la diplogénèse. Paris, 1874, in-8°. (Extr. des bull. de la Société d'anthropologie de Paris.)

Sur l'endocrâne; nouveaux instruments craniologiques. (*Ibid.*)

Sur le plan horizontal de la tête et sur la méthode trigonométrique. Paris, 1873, in-8°. (*Ibid.*)

Nouveaux renseignements sur les Akkas. Paris, 1874, in-8°. (Extr. de la Revue d'anthropologie.)

Sur l'origine et la répartition de la langue basque; Basques français et Basques espagnols. Paris, 1875, in-8°. (*Ibid.*)

Nomenclature craniologique; notions complémentaires sur l'ostéologie du crâne. Paris, 1875, in-8°. (Extr. des bull. de la Société d'anthropologie de Paris.)

Sur la valeur des divers angles faciaux et sur un nouveau goniomètre spécial. Paris, 1875, in-8°. (*Ibid.*)

Sur la topographie cranio-cérebrale ou sur les rapports anatomiques du crâne et du cerveau. Paris, 1876, in-8°. (Extr. de la Revue d'anthropologie.)

De la différence fonctionnelle des deux hémisphères cérébraux. Paris, 1877, in-8°. (Extr. des bull. de l'Académie de médecine.)

Sur la trépanation du crâne et les amulettes crâniennes à l'époque néolithique. Paris, 1877, in-8°. (*Ibid.*)

Mémoires d'anthropologie, 3 vol. Paris, 1871-1876, in-8°.

Revue d'anthropologie, publiée sous la direction de M. le professeur Paul Broca, 6 vol. Paris, 1872-1878, grand in-8°.

Sur les monuments mégalithiques et les populations blondes du Maroc. Paris, 1876, in-8° (Extr. de la Revue d'anthropologie), par P. Broca et Tissot.

Caix de Saint-Aymour (A.), conseiller général, au château d'Ognon, près Barbery (Oise).

Le musée archéologique, recueil illustré de monuments de l'antiquité, du moyen âge et de la renaissance. Paris, in-4°, t. I et t. II, fasc. 1, 2, 3, 1876-1877.

Indicateur de l'archéologie, bulletin mensuel illustré. Paris, t. I et II, 1873-1874, in-8°. Les fasc. 1 et 2 du 1er vol. ont été publiés sous la direction de M. de Mortillet.

Annuaire des sciences historiques, bibliographie des ouvrages d'érudition. Paris, 1877, in-12.

Études sur quelques monuments mégalithiques de la vallée de l'Oise. Paris, 1875, in-8°.

La langue latine étudiée dans l'unité indo-européenne (histoire, grammaire, lexique), Paris, 1868, in-8°.

Carbonnier (P.). — Découverte d'une station préhistorique dans le département de la Seine. 1875.

Cartailhac (T.), directeur des Matériaux pour servir à l'histoire de l'homme, à Toulouse. rue de la Chaîne, 5.

Détails antéhistoriques sur l'arrond. de Saint-Affrique (Aveyron). Paris, 1865, in-8°.

Les civilisations primitives à l'Exposition universelle de Paris, en 1867.. Toulouse, 1867, in-4°.

Un squelette humain de l'âge du renne, à Laugerie. Toulouse, in-8°.

Matériaux pour servir à l'histoire de l'homme, 12 vol. in-8°. Toulouse, 1864-1877.

Cazalis de Fondouce (P.), ingénieur, à Montpellier (Hérault), rue des Étuves, 18.

Recherches sur la géologie de l'Égypte, d'après les travaux les plus récents. Paris, 1868, in-8°.

Congrès scientifique de France. Montpellier, 1868. Compte rendu consacré aux communications paléontologiques. Montpellier, 1869, in-8°.

Compte rendu des séances du congrès d'anthropologie et d'archéologie préhistorique de Copenhague. (Revue des cours scientifiques, 1870.)

Ibid. (Extrait des Matériaux pour servir à l'hist. prim. de l'homme), in-8°.

Les temps préhistoriques dans le sud-est de la France. I. L'homme dans la vallée intérieure du Gardon. Montpellier-Paris, 1872, in-f°. II. Allées couvertes de la Provence. *Ibid.* 1873, in-f°.

Les sépultures préhistoriques du midi de la France. Paris, 1873, in-8°.

Revue préhistorique. (Extr. de la Revue d'anthropologie.)

Chantre (E.), attaché au Muséum d'histoire naturelle, à Lyon, cours Morand, 7.

Études paléoethnologiques ou recherches géologico-archéologiques sur l'industrie et les mœurs de l'homme des temps antéhistoriques de l'âge de la pierre dans le nord du Dauphiné et les environs de Lyon. Lyon, 1867, 1 vol gr. in-8°, avec planches.

Nouvelles études paléoethnologiques. Lyon, 1868. Brochure gr. in-4°, avec planches.

Notice historique sur la vie et les travaux de J.-J. Fournet, professeur à la Faculté des sciences de Lyon, correspondant de l'Institut. Lyon, 1870.

Rapport à M. Belgrand, président de la Société géologique de France, sur le tracé d'une carte géologique du terrain erratique et sur la conservation des blocs erratiques de la partie moyenne du bassin du Rhône, par MM. Albert Falsan et Ernest Chantre. Paris, 1869.

Les palafittes ou constructions lacustres du lac de Paladru, près Voiron (Isère). Brochure in-4° un album in-folio de 14 planches. Chambéry et Grenoble, 1871.

Découverte d'un trésor de l'âge du bronze à Réalon (Hautes-Alpes). In-8°, avec planches. Annecy, 1872.

Note sur la faune du Lehm de Saint-Germain au Mont-d'Or (Rhône) et sur l'ensemble de la faune quaternaire. Compte rendu de l'Académie des sciences, 23 décembre 1873.

L'âge du bronze dans le bassin du Rhône et passage de l'âge du bronze au premier âge du fer. In-8°, avec planches. (Congrès de Bologne, 1871.)

Études paléontologiques dans le bassin du Rhône (période quaternaire), par MM. le Dr Lortet et E. Chantre. (Archives du Muséum de Lyon. In-4°, 15 planches. Lyon, 1873 et 1874).

Les faunes mammalogiques tertiaire et quaternaire du bassin du Rhône. (Deuxième session de l'Association française.) Lyon, 1874.

L'âge de la pierre et l'âge du bronze en Troade et en Grèce. In-8°. Lyon, 1874.

Sur l'âge du bronze et le premier âge du fer en France. (Congrès de Stockholm.)

Rapport au Congrès de Stockholm sur une légende internationale pour les cartes préhistoriques. (Compte rendu du Congrès.)

Compte rendu de l'exposition préhistorique de Budapest en 1876. (Matériaux, 1877.)

Âge du bronze. Recherches sur l'origine de la métallurgie en France, 3 vol. in-4° et atlas in-f°. Paris.

Chavée (Mme V[e]), à Paris.

Les langues et les races, par E. Chavée. Paris, 1862, in-8°.

Cohendy (M.), archiviste du département du Puy-de-Dôme, à Clermont-Ferrand.

Le mégalithe et les tombelles préhistoriques du village de Mons, près Saint-Flour (Cantal). Clermont-Ferrand, 1877, in-8°.

Collineau, docteur en médecine, à Paris, rue du Temple, 187.

Résumé des instructions craniologiques et craniométriques de M. Broca. Paris, 1876, in-8°. (Extrait de la Revue d'anthropologie.)

Des commotions politiques dans leurs rapports avec l'aliénation (1873).

Contribution à l'étude du délire religieux. (Extrait des bulletins de la Société d'anthropologie, 1875.)

Constantin (N.), à Annecy (Haute-Savoie).

Publications en patois savoyard.

Costa de Beauregard et Perrin (A.), à Chambéry (Savoie).

Catalogue de l'exposition archéologique du département de la Savoie. Paris et Chambéry, 1878, in-4°, avec 21 planches photographiées représentant 670 objets.

Cotteau (G.), à Paris, boulevard Saint-Michel, 36.

Rapport sur un gisement de bois de cerfs, signalé par M. Ravin, aux environs de Guerchy (Yonne). Auxerre, 1864, in-8°.

Le Congrès international d'anthropologie et d'archéologie préhistoriques tenu à Paris au mois d'août 1867. Auxerre, 1867, in-8°.

Le bassin parisien aux âges antéhistoriques. Auxerre, 1867, in-8°.

Congrès international d'anthropologie et d'archéologie préhistoriques. Auxerre, 1872, in-8°.

Congrès international d'anthropologie et d'archéologie préhistoriques, session de Stockholm. Auxerre, 1874, in-8°.

L'exposition géologique et poléontologique du Havre, 1877. Paris (sans date), in-8°.

La géologie au Congrès du Havre. Auxerre, 1877, in-8°.

Congrès international d'anthropologie et d'archéologie préhistoriques, session de Budapest. Auxerre, 1877, in-8°.

Daleau (F.), à Bourg-sur-Gironde (Gironde).

Grotte des Fées (âge du renne), située au Roc, commune de Marcamps, canton de Bourg (Gironde). Bordeaux 1875, in-8°.

Carte d'archéologie préhistorique du département de la Gironde. Clermont-Ferrand, 1876, in-8°.

Notice sur la station de Jolias, commune de Marcamps (Gironde). Paris (sans date), in-8°. (En collaboration avec M. J.-B. Gassies.)

Dally (E.), professeur à l'École d'anthropologie, à Paris, rue Legendre, 5.

Des dangers attribués aux mariages entre consanguins, Paris, in-8°. (Extrait de la Gazette hebdomadaire de médecine.)

Remarques sur les aliénés et les criminels au point de vue de la responsabilité morale et légale. Paris, 1864, in-8°.

Atavisme. (Extrait fact. de l'Encyclopédie générale.)

Atavisme. Paris, 1866, in-8°. (Extrait du Dict. encycl. des sc. méd.)

Compte rendu du Congrès d'anthropologie et d'archéologie de 1867.

Introduction, notes et traduction de l'ouvrage de Huxley, intitulé : La place de l'homme dans la nature. Paris, 1868, in-8°.

De l'importance sociale de l'hygiène de la première enfance. Paris, 1869, in-8°.

Résumé des travaux des Congrès d'anthropologie et d'archéologie préhistoriques. (Extrait fact. de l'Annuaire Dehairin, 1870.)

Sur la nécessité de l'éducation physique et sur l'organisation de gymnases municipaux.

Membres. (Extrait du Dictionn. encycl. des sc. médicales.)

Métis. (*Ibid.*)

Femme. (*Ibid.*)

Danjou de la Garenne (T.), à Fougères (Ille-et-Vilaine).

Statistique des monuments celtiques de l'arrondissement de Fougères (Ille-et-Vilaine). Rennes, 1862, in-8°.

D'Assier (A.), à Mas-d'Azil (Ariège).

Physiologie du langage phonétique, 1 vol. in-16.

Physiologie du langage graphique, 1 vol in-16.

Delaunay (G.), docteur en médecine, à Paris, boulevard de Magenta, 95.

Biologie comparée du côté droit et du côté gauche chez l'homme et les êtres vivants. Paris, 1874, in-4°. (Thèse de doctorat.)

Delfortrie (E.), à Bordeaux (Gironde).

Les ossements entaillés et striés du miocène aquitanien. Bordeaux, 1869, in-8°.

Duhousset (Colonel), à Paris, rue Bonaparte, 15.

Les Kabyles du Djurjura. Paris, 1866, in-8°.

Dulignon-Desgranges, à Bordeaux (Gironde), rue Cheverus, 30.

Deux brochures paléoethnologiques.

Dureau (A.), bibliothécaire adjoint de l'Académie de médecine, à Paris, rue de la Tour-d'Auvergne, 16.

Notes bibliographiques pour servir à l'étude de l'histoire et de l'archéologie. Paris, 1866, in-12.

Note sur les Kjökkenmöddings. Copenhague, 1869, in-8°. (Extrait du Congrès d'anthropologie de Copenhague.)

L'art de faire du feu est-il une caractéristique de l'homme? Paris, 1870, in-8°. (Extrait des bulletins de la Société d'anthropologie de Paris.)

Note sur M. Léon Guillard. (Revue scientifique, 14 octobre 1871.)

Note sur les sépultures en forme de puits et les excavations analogues. Angers, 1873, in-8°. (Extrait du Congrès archéologique de France.)

Note sur les caractères sexuels du crâne humain. Paris, in-8°. (Extrait de la Revue d'anthropologie.)

Rapport sur le Congrès d'anthropologie et d'archéologie préhistoriques de Stockholm, 1874. Vendôme, 1875, in-8°.

Ernault (E.), professeur à l'école Saint-Charles, à Saint-Brieuc.

Collection complète des grammaires, dictionnaires et colloques bretons.

Six manuscrits de mystères bretons.

Faidherbe (Général), à Lille (Nord), rue Voltaire.

Quelques mots sur l'ethnographie du nord de l'Afrique et sur les tombeaux mégalithiques du nord de l'Afrique. Alger, 1868.

Recherches anthropologiques sur les tombeaux de Roknia. Bône, 1868, in-8°.

Inscriptions numidiques. Lille (sans date), in-8°.

Essai sur la langue Poul. Paris, 1875, in-8°.

Le zenaga des tribus sénégalaises. Contribution à l'étude de la langue berbère. Paris, 1877, in-8°.

Falsan, à Collonges-sur-Saône (Rhône).

Considérations stratigraphiques sur la présence de fossiles miocènes et pliocènes au milieu des alluvions glaciaires et du terrain erratique des environs de Lyon. (Extrait du Bulletin de la Société géologique de France.)

Fleury (A. de), professeur à la Faculté de médecine, à Bordeaux.

Essai sur la pathogénie du langage articulé. Paris, 1865, in-8°.

Des tentatives de localisation de la parole. Bordeaux, 1866, in-8°.

Aphasie. Bordeaux, 1868, in-8°.

Foley (A.-E.), docteur en médecine, rue du Helder, 5.

Quatre années en Océanie. Paris, in-8°.

Gaidoz (H.), directeur de la *Revue celtique*, à Paris, rue Servandoni, 22.

Revue celtique, in-8°, toute la série.

Gaudry (A.), professeur au Muséum d'histoire naturelle, à Paris, rue des Saints-Pères, 7.

Fossiles quaternaires, recueillis par M. Œlert, à Louverné. Mayenne, 1873, in-8°.

Sur une dent d'Elephas primigenius, trouvée par M. Pinart. Paris (sans date), in-8".

Matériaux pour l'histoire des temps quaternaires. Paris, 1876, in-4°. 1ᵉʳ fasc.

Considérations sur les mammifères qui ont vécu en Europe à la fin de l'époque miocène. Paris, 1873, in-8°.

Gaussin, ingénieur hydrographe, à Paris, rue de l'Université, 113.

Du dialecte de Tahiti, de celui des îles Marquises et en général de la langue polynésienne. Paris, 1853, in-8°.

Germer-Baillière, éditeur-libraire, à Paris, boulevard Saint-Germain.

QUATREFAGES (DE). L'espèce humaine. Paris, 1877, in-8°.

EVANS. Les âges de la pierre, traduit de l'anglais, par Barbier. Paris, in-8°.

LUBBOCK. L'homme préhistorique, trad. de l'anglais, par Barbier. Paris, in-8°.

ZABOROWSKI. L'homme préhistorique. Paris, 1878, in-16.

Girard de Rialle, directeur de la Revue de linguistique, à Paris, rue de Clichy, 64.

L'anti-Liban. Paris, 1868, in-8°.

Zend et sanscrit védique. Leçon d'ouverture. Les Aryens primitifs. Paris, 1868-1869, in-4°.

Les études védiques et éraniennes dans l'histoire. Paris, 1870, in-12.

Mémoire sur l'Asie centrale. (Extrait de la Revue d'anthropologie.)

Guérin (R.), à Paris, rue Saint-Martin, 125.

Les objets antéhistoriques du musée lorrain. Nancy, 1868, in-8°.

Note sur les objets préhistoriques de la côte de Boudonville (Meurthe). Nancy, 1870, in-8°.

Exposé des principaux travaux de M. Raoul Guérin, de 1865 à 1874. Paris, 1874, in-8°.

Guimet (É.), propriétaire, à Lyon (Rhône).

Esquisses scandinaves. Relation du Congrès d'anthropologie de Stockholm. Paris, 1875, in-12.

Henry (V.), professeur à l'Institut du Nord (Lille).

Le quichua est-il une langue aryenne? Paris, 1878, in-8°.

Hovelacque (A.), professeur à l'École d'anthropologie, à Paris, rue de l'Université, 35.

Langues, races, nationalités. Bayonne, 1874, in-16. — 2ᵉ édit. Paris, 1875, in-8°.

Contribution à l'étude de l'occipital. **Lille**, 1874, in-8°.

Sept crânes tziganes. **Paris**, 1876, in-8°.

Lettre sur l'homme préhistorique du type le plus ancien. Paris, 1875, in-8°.

Les Slaves du sud en Hongrie. Rouen, 1876, in-8°.

Les Slaves. (Revue scientifique, 28 octobre 1876.)

Linguistique, 2° édition. Paris, 1877, in-12. (De la Bibliothèque des sciences contemporaines.)

Études de linguistique et d'ethnographie. Paris, 1878, in-12. (En collaboration avec M. Julien Vinson.)

Notre ancêtre. Recherches d'anatomie et d'ethnologie sur le précurseur de l'homme. Seconde édition. Paris, 1878, in-8°.

Jeanjean (A.), à Saint-Hippolyte-le-Fort (Gard).

L'homme et les animaux des cavernes des Basses-Cévennes. Nîmes, 1871, in-8°, et planches.

Recherches géologiques et paléontologiques dans les Hautes-Cévennes. (Les grottes de Trèves et de Meyrueis. Age de la pierre polie.) Nîmes, 1874, in-8°.

L'homme préhistorique. Recherches dans la grotte de Labry, près Saint-Hipolyte-le-Fort (Gard). (Mémoires de l'Académie du Gard, année 1871.)

Joulin (Mme V^e).

Mémoire sur le bassin considéré dans les races humaines, par le Dr P. Joulin. Paris, 1864, in-8°.

Jourdanet, docteur en médecine, à Paris, rue de Berry, 1.

Les altitudes de l'Amérique tropicale comparées au niveau des mers, au point de vue de la constitution médicale. Paris, 1861, in-8°.

Le Mexique et l'Amérique centrale. Paris, 1862, in-12.

Les syphilitiques de la campagne de Fernand Cortez. Paris, 1877, in-8°.

Jouvencel (P. de), à Paris, rue du Regard, 7.

Les commencements du monde, Genèse selon la science. Paris, 1858-1859, 2 vol. in-18. — 2° édit. 1862, 3 vol. in-18.

Khanikoff (N. de), conseiller d'État à la Cour de Russie, à Paris, rue des Écoles, 24.

Mémoire sur l'ethnographie de la Perse. Paris, 1866, in-4°.

Lacerda (F.) et **Peixoto** (Rodrigues), à Rio de Janeiro.

Contribucoes paro o estudo anthropologico das raças indigenas do Brasil. Rio de Janeiro, 1876, in-4°.

Lagneau (G.), docteur en médecine, à Paris, rue de la Chaussée-d'Antin, 38.

Instructions sur l'anthropologie de la France. Paris, 1861, in-8°. — Rapport. Paris, 1865. (Extrait des bulletins de la Société d'anthropologie de Paris.)

Instructions sur l'anthropologie de la Sicile. Paris, 1864, in-8°. (*Ibid.*)

Basques. Paris, 1866, in-8°. (Extr. du Dict. encyclop. des sc. médicales.)

Recherches comparatives sur les maladies vénériennes dans les différentes contrées. Paris, 1867, in-8°.

Cagots. (Extr. du Dict. encyclop. des sc. médicales.)

Berbers. Paris, 1869, in-8°. (Extr. du Dict. encyclop. des sc. médicales.)

Étude de statistique anthropologique sur la population parisienne. Paris, 1869, in-8°.

Considérations médicales et anthropologiques sur la réorganisation de l'armée en France. Paris, 1871, in-8°.

Ethnogénie des populations du sud-ouest de la France. Paris, 1874, in-8°.

Ethnogénie des populations du nord de la France. Paris, 1874, in-8°.

Recherches comparatives sur la menstruation dans diverses contrées. Paris, 1867, in-8°.

De quelques recherches anthropologiques sur les conscrits et les soldats. Paris, 1870. in-8°.

De la distinction ethnique des Celtes et des Gaëls et de leurs migrations au sud des Alpes. Paris (sans date), in-8°.

Des Gaëls et des Celtes. Paris, 1861, in-8°. (Extr. des mém. de la Soc. d'anthropologie de Paris.)

Quelques remarques ethnologiques sur la répartition géographique de certaines infirmités en France. Paris, 1871, in-8°.

Sur l'ethnologie des populations du nord-est de l'Allemagne. Paris, 1871, in-8°. (Extr. des bull. de la Société d'anthropologie de Paris.)

Du mouvement de la population en 1872. Paris, 1872, in-8°.

Situation de la population de la France. Dénombrement de 1872, Paris, 1873, in-8°.

Les Ligures. Paris, 1876, in-8°. Mémoire communiqué à l'Institut. (Académie des inscriptions.)

De l'influence des professions sur l'accroissement de la population. Paris, 1872, in-8°. (Extrait de la Gazette hebdomadaire de médecine.)

Lalande (P.), à Brive (Corrèze).

Mémoire sur les monuments préhistoriques de la Corrèze. (Extrait du Bulletin annuel de la Société de Saint-Jean-d'Angély.) Saint-Jean-d'Angély, 1867, 52 pages, une planche, in-8°.

Monographie des grottes à silex taillés des environs de Brive. (Extrait du Moniteur de l'archéologue.) Montauban, 1866-1867, 14 pages in-8°.

Notice sur la grotte du Pouzet, commune de Terrasson (Dordogne). (Extrait du Moniteur de l'archéologue.) Montauban, 1868, 12 pages, une planche dans le texte, in-8°.

Station préhistorique de Chez-Pouré, commune de Brive. (Extrait des Matériaux pour l'histoire primitive et naturelle de l'homme.) Toulouse, 1869, 5 pages, une figuré dans le texte et une planche, petit in-8°. (Note complémentaire et rectificative de la monographie des grottes des environs de Brive.)

Dolmens et tumulus de la commune de Saint-Cernin-de-l'Arche (Corrèze). (Extrait des Matériaux pour l'histoire de l'homme, 1870-1871.) Toulouse, 8 pages, une planche, petit in-8°.

Monuments préhistoriques de la commune de Saint-Cernin-de-l'Arche (Corrèze), enceinte du Roc-Blanc.

Cromlech du Puy-de Pauliac, commune d'Aubazine (Corrèze). (Extrait des Matériaux pour l'histoire de l'homme, 1876.) Toulouse, 7 pages, deux figures dans le texte, petit in-8°.

Trois semaines dans le Cantal (souvenir d'un voyage d'exploration). (Extrait du journal *le Conciliateur*.) Brive, 1874, 14 pages, petit in-8°.

Détails sur quelques monuments préhistoriques du Cantal.

Lartet (L.), professeur à la Faculté des sciences, à Toulouse (Haute-Garonne), rue du Pont-de-Tunis.

Mémoire sur une sépulture des anciens Troglodytes du Périgord. (Congrès international d'archéologie préhistorique, session de Norwich, compte rendu, *Revue scientifique*, n° du 2 janvier 1869.)

Poteries primitives, instruments en os et silex taillés des cavernes de la Vieille-Castille (Espagne). Paris, 1866, in-8°. (Extrait de la *Revue archéologique*).

Une sépulture des Troglodytes du Périgord (crânes des Eyzies). Paris, 1869, in-8°. (Extrait du *Bulletin de la Société d'anthropologie*.)

Une sépulture des anciens Troglodytes des Pyrénées, superposée à un foyer contenant des débris humains associés à des dents sculptées de lion et d'ours. Paris, 1874, in-8°. (En collaboration avec M. Chaplain-Duparc).

Sur un atelier de silex taillés et une dent de mammouth. Toulouse, 1875, in-8°. (Extrait des Matériaux pour servir à l'histoire de l'homme.)

Note relative à une lame d'ivoire fossile trouvée dans un gisement ossifère du Périgord; lettre adressée à M. Milne Edwards. (Extrait des *Annales des sciences naturelles.*)

Vie et travaux d'Édouard Lartet. Paris, 1872, in-8°.

Sur les migrations anciennes des mammifères de l'époque actuelle, par Édouard Lartet. Paris, 1858, in-8°. (Extrait des Comptes rendus de l'Académie des sciences.)

Observations de M. Éd. Lartet à propos des débris fossiles de divers éléphants dont la découverte a été signalée par M. Ponzi aux environs de Rome. (*Bulletin de la Société géologique de France*, 21 juin 1858.)

On two Bones caverns in the montagne du Ker at Massat, in the department of the Ariege, par M. Alfred Fontan, par Éd. Lartet.

Sur de nouvelles observations de MM. Lartet et Christy relatives à l'existence de l'homme dans le centre de la France à une époque où cette contrée était habitée par le renne et par d'autres animaux qui n'y vivent pas de nos jours. (Lettre communiquée à l'Académie des sciences par M. Milne Edwards, le 29 février 1854.)

Sur une portion de crâne fossile d'ovibos musquée (ov. mochatus, Blainville), trouvée par M. le docteur Eug. Robert dans le diluvium de Précy (Oise), par Éd. Lartet. (Comptes rendus de l'Académie des sciences, 27 juin 1864.)

Cavernes du Périgord. Objets gravés et sculptés des temps préhistoriques dans l'Europe occidentale. Paris, 1864 in-8°. (Extrait de la *Revue archéologique.*) En collaboration avec M. H. Christy.

Remarques sur la faune de Cro-Magnon, d'après les débris osseux découverts soit dans la sépulture humaine, soit dans les restes de foyers placés à proximité (Extrait), par Éd. Lartet.

Reliquiæ Aquitanicæ being contributions to the archæology and paleontology of Perigord and the adjoining provinces of Southern France. Londres, 1867-1875, in-4°, avec 87 planches, 3 cartes et 132 gravures sur bois. Cet ouvrage est dû à la collaboration de MM. Edouard Lartet et Henry Christy.

Lavino (W.), secrétaire de la légation de l'Équateur à Paris.

Notice sur la République de l'Équateur. Paris, 1873, in-8°.

Le Bret, médecin-inspecteur des eaux de Barèges, à Levallois-Perret.

Notice sur l'existence d'une race d'hommes à queue. Paris, 1855, in-8°. (Extrait des arch. gén. de méd.)

Lecocq (G.), à Amiens (Somme), rue des Capucins, 53.

Notice sur les stations préhistoriques d'Hancourt (Aisne). Saint-Quentin, 1874, in-8°.

Notice sur le cimetière mérovingien de Tugny (Aisne). Saint-Quentin, 1875, in-8°

Notice sur le dolmen de Neuvillette. Saint-Quentin, 1875, in-8°.

Notice sur le menhir et la station néolithique de Tugny (Aisne). Saint-Quentin, 1875, in-8°.

Legroux (A.), professeur agrégé à la Faculté de médecine, à Paris.

De l'aphasie. Paris, 1875, in-8°,

Leguay (L.), architecte-expert, à Paris, rue de la Sainte-Chapelle, 3.

Note sur les silex taillés de l'âge archéologique de la pierre. Senlis, 1864, in-8°. (Extrait du *Bulletin archéologique de Senlis.*)

Notice sur un carneillon ou cimetière de l'âge archéologique de la pierre, découvert à la Varenne-Saint-Hilaire, commune de Saint-Maur-les-Fossés (Seine). Paris, 1866, in-8°.

Note sur une pierre à polir les silex, trouvée en 1860 à la Varenne-Saint-Hilaire (Seine), au lieu dit la Pierre-au-Prêtre. Paris, 1866, in-8°.

Notice sur les monuments dits druidiques et les sépultures de Maintenon. Meaux, 1866, in-8°.

Fouilles de l'allée couverte d'Argenteuil. Rapport fait à la commission de la carte topographique des Gaules (avril 1867). (Extrait de la *Revue archéologique*.)

Antiquités antéhistoriques et gauloises des Parisii (1ʳᵉ note). Paris, 1867, in-8°. (Extrait des bulletins de la Société parisienne d'archéologie.)

Note sur l'art de faire du feu, 1871, in-8°. (Extrait du bulletin de la Société d'anthropologie de Paris.)

Notice sur un grès sculpté de l'époque de la pierre polie trouvé à la Varenne-Saint-Hilaire. Paris, 1872, in-8°. (*Ibid.*)

Procédés employés pour la gravure et la sculpture des os avec le silex à l'époque préhistorique. Paris, 1877, in-8°.

Léon (J.). — Les verbes espagnols. (Tableau de 0ᵐ,50 sur 0ᵐ,25).

Lepie (Vicomte), à Andrésy (Seine-et-Oise).

Les armes et les outils préhistoriques reconstitués, texte et gravures. Paris, 1872, in-f°.

Lepic (Vicomte) et **Lubac** (J.).

Stations préhistoriques de la vallée du Rhône en Vivarais, Chateaubourg et Noyons. Chambéry, 1872) in-fol.

Lépine (R.), professeur à la Faculté de médecine, à Lyon (Rhône).

La localisation dans les maladies cérébrales. Paris, 1875, in-8°.

Leroux (E.), éditeur-libraire, à Paris, rue Bonaparte, 28.

Abdoul Kérim. — Histoire de l'Asie centrale (Afghanistan, Boukhara, Khiva, Khoqand) depuis les dernières années de Nadir Chah (1153) jusqu'en 1233 de l'hégire (1740-1818); *Texte persan*, publié par Ch. Schefer, et imp. à Boulaq, 1875, in-4°.

Le même. — *Traduction française*, introduction et appendice, par Ch. Schefer, 1876, grand in-8°, avec carte.

Albornoz. — Arte de la langua chiapaneca, por fray Juan de Albornoz, y doctrina cristiana en langua chiapaneca, por fray Luis Barrientos. 1874, in-4° carré.

Ancessi (V.). — L'Égypte et Moïse, 1ʳᵉ partie : Les vêtements du grand-prêtre et des lévites. Le sacrifice des colombes, d'après les peintures et les monuments égyptiens contemporains de Moïse. 1875, in-8°, 9 pl.

Job et l'Égypte. Le Rédempteur et la vie future dans les civilisations primitives; par le même. 1877, in-8°.

Aymonier. — Notice sur le Cambodge. Paris, 1875, in-8.

Géographie du Cambodge; par le même. 1876, in-8, avec une belle carte.

Backer (De). — L'extrême Orient au moyen âge, d'après les manuscrits d'un Flamand de Belgique et d'un prince d'Arménie, moine de Prémontré à Poitiers. 1877, in-8°.

Bargès (L'abbé J.-J.-L.). — Recherches archéologiques sur les colonies phéniciennes établies sur le littoral de la Celtoligurie. 1878, in-8°.

Baye (J. de). — La trépanation préhistorique. 1876, gr. in-8°, fig. sur bois.

Bibliothèque de linguistique et d'ethnographie américaines, publiée par A.-L. Pinard.

Vol. I : Arte de la lengua chiapaneca, par fray Juan de Albornoz, y doctrina cristiana en lengua chiapaneca. 1876, 1 vol in-4°.

Vol. II : Dictionnaire de la langue Déné-dindjié, dialectes Montagrais ou Chippewayan, Peaux-de-lièvre et Loucheux, etc. par le R. P. Petitot. 1876, beau vol. gr. in-4°.

Vol. III : Vocabulaire français esquimau, dialecte des Fchiglit des bouches du Mackenzie et de l'Anderson, par le R. P. Petitot. 1876, in-4° carré.

BLONDEL (S.). — Le Jade, étude historique sur la pierre appelée *Yu* par les Chinois. 1875 in-8°.

Recherches sur les bijoux des peuples primitifs; par le même. 1876, in-8°.

BOUCHER (DU) ET RAYMOND POTTIER. — L'âge de la pierre polie dans les Landes. 1875, in-8°, fig.

BROCA (P.). — Sur la mensuration de la cavité du crâne. 1873, in-8°, fig.

Recherches sur l'indice orbitaire; par le même. 1876, in-8°, fig.

Sur la topographie cranio-cérébrale, ou sur les rapports anatomiques du crâne et du cerveau; par le même. 1876, in-8°, fig.

CAIX DE SAINT-AYMOUR (De). — Étude sur quelques monuments mégalithiques de la vallée de l'Oise. 1875, in-8°, pl., fig.

Note sur un temple romain découvert dans la forêt d'Halatte (Oise); par le même. 1874, in-16.

Un million pour nos musées nationaux, s'il vous plaît! par le même. 1878, in-8°.

CAVANIOL (H.). — Les monuments en Chaldée, en Assyrie et à Babylone, d'après les récentes découvertes archéologiques. 1870, in-8°, 9 pl. lithographiées.

CHARENCEY (H. DE). — Essai de déchiffrement d'un manuscrit *troano*. 1875, in-8°.

Fragment de chrestomathie de la langue *maya* antique; par le même. 1875, in-8°.

Recherches sur le codex *troano*; par le même. 1876, in-8°, pl.

CHIL Y NARANJO (Dr G.). — Estudios historicos, climatologicos y patologicos de las islas Canarias. Las Palmas. Ouvrage considérable en cours de publication. 31 livraisons parues.

CROIZIER (DE). — L'art khmer, étude historique sur les monuments de l'ancien Cambodge, suivi d'un catalogue raisonné du musée Khmer, de Compiègne. 1875, in-8°, fig. et carte.

DENIS (F.). — Arte plumaria; les plumes, leur usage dans l'antiquité, leur emploi au Brésil, au Pérou, dans l'Inde, etc. 1875, in-8°.

FAIDHERBE (Général). — Les dolmens d'Afrique. 1873, in-8°, 5 pl.

Le zenaga des tribus sénégalaises. Contribution à l'étude de la langue berbère; par le même. 1877, in-8°.

GIRARD DE RIALLE. — Mémoire sur l'Asie centrale, son histoire, ses populations. 1875, in-8°, 2° édition.

De l'anthropophagie, étude d'ethnologie comparée; par le même. 1875, in-8°.

HOVELACQUE (A.). — Langues, races, nationalités. 1875, in-8°, 2° édition.

Notre ancêtre, recherches d'anatomie et d'ethnologie sur le précurseur de l'homme; par le même. In-18, nombr. fig., 2° édition.

KOEI-LING, ambassadeur chinois. — Journal d'une mission en Corée. Traduction par Scherzer. In 8°, cart.

KOPERNICKI (Dr J.). — Sur la conformation des crânes bulgares. 1875, in-8°, pl.

KUHFF (D^r). — Note sur quelques fémurs préhistoriques. 1875, in-8°.

LAGNEAU (G.). — Ethnogénie des populations du nord-ouest de la France. 1876, in-8°.

LÉGER (L.). — Études slaves, voyages et littérature. 1875, in-16.

LESSON (P.-A.). — Vanikoro et ses habitants. 1876, in-8°.

MORICE (Dr A.). — Sur la pathologie des indigènes de la Basse-Cochinchine et en particulier des Annamites. 1875, in-8°.

Quelques mots sur l'acclimatement des races humaines et des animaux dans la Basse-Cochinchine; par le même. 1876, in-8°.

Mortillet (G. de). — Les études préhistoriques devant l'orthodoxie. 1875, in-8°.

Tableau archéologique de la Gaule. 1 feuille; par le même.

Origine du bronze; par le même. 1876, in-8°, pl.

Obédénare. — La Roumanie économique d'après les données les plus récentes. Géographie, état économique, anthropologie. 1876, in-8°, carte de la Roumanie.

Ory (P.). — Les procédés industriels des Japonais : l'arbre à laque, notice traduite pour la première fois du japonais. 1875, in-8°, fig.

Pauthier (G.). — Discours d'ouverture du cours complémentaire d'histoire, de géographie et de législation des États de l'extrême Orient, à l'École des langues orientales vivantes, prononcé le 16 janvier 1873. 1873, in-8°.

Petitot (Le P.). — Monographie des Déné-Dindjié. 1876, in-8°.

Monographie des esquimaux Tchiglit du Mackenzie et de l'Anderson. 1876, in-4°, fig.

Pinart (A.-L.). Voyages à la côte nord-ouest de l'Amérique, exécutés pendant les années 1870-1872. Vol. I : Histoire naturelle, in-4°, 5 pl.

La caverne d'Aknanh, île d'Ounga (archipel Shumagin, Alaska). Description de cette grotte sépulcrale et des objets funéraires qui y furent trouvés. 1 vol. in-4°, avec carte et 7 pl. chromo-lithographiées; par le même.

Sur les Atnahs. In-8°; par le même.

Catalogue des collections rapportées de l'Amérique russe; par le même. In-8°.

Rousselet (L.). — Tableau des races de l'Inde septentrionale. 1875, in-8°.

Royer (Mme C.). — Le feu chez les peuplades primitives. 1875, in-8°.

Les rites funéraires aux époques préhistoriques, et leur origine. 1876, in-8°.

Sayous. — Les origines et l'époque païenne de l'histoire des Hongrois. 1874, in-8°.

Soldi (É.). — L'art et ses procédés depuis l'antiquité. La sculpture égyptienne. 1 beau vol., 1876, in-8°, nombr. gravures.

Tauxier (H.). — Étude sur les migrations des nations berbères avant l'islamisme. 1863, in-8°.

Tissot. — Sur les monuments mégalithiques et les populations blondes du Maroc, suivi de : Les peuples blonds et les moments mégalithiques dans l'Afrique septentrionale. — Les Vandales en Afrique, par M. P. Broca. 1876, in-8°, fig., carte.

Topinard (Dr P.). — Étude sur la taille, considérée suivant l'âge, le sexe, l'individu, les milieux et les races. 1876, in-8°.

Tschocriloff. — Étude sur la dégénérescence physiologique des peuples civilisés. 1876, in-8°.

Ujfalvy (De). — L'ethnographie de l'Asie. 1875, in-8°.

Wiener (C.). — Le livre d'Esther. Essai ethnographique et littéraire. 1875, in-8°.

Letourneau (Ch.), docteur en médecine, à Paris, rue Sainte-Catherine-d'Enfer, 1.

Civilisation. Paris, 1867, in-8°.

Biologie, 1 vol. in-12. (De la Bibliothèque des sciences contemporaines.)

Liétard, médecin aux eaux de Plombières (Vosges).

Aryens (peuples) et langues aryennes. Paris, 1866, in-8°. (Extr. du Dict. encyc. des sc. méd.)

Longuemar (De), à Poitiers (Vienne), rue Barbate, 5.

Un volume de mémoires.

Lunier (L.), inspecteur général des asiles d'aliénés, à Paris, rue de l'Université, 6.

Recherches sur quelques déformations du crâne. Paris, 1852, in-8°.

Déformations artificielles du crâne. Paris, 1869, in-8°.

Projet de statistique applicable à l'étude des maladies mentales, arrêté par le Congrès de statistique de 1867. Paris, 1869, in-4°.

Magitot (E.), docteur en médecine, à Paris, rue des Saints-Pères, 8.

Étude sur le développement et la structure des dents humaines. Paris, 1857, in-4°.

Les hommes velus. Paris, 1873, in-8°.

Lettres de Suède, écrites à l'occasion du Congrès d'anthropologie. Paris, 1874, in-8°.

Lettres de Hongrie, écrites à l'occasion du Congrès d'anthropologie. Paris, 1876, in-8°.

Traité des anomalies du système dentaire chez l'homme et chez les mammifères. Paris, 1877, in-4°.

Maisonneuve, éditeur-libraire, à Paris, quai Voltaire, 25.

Adam (L.).—Esquisse d'une grammaire comparée des dialectes cree et chippevay. In-8°. 1876.

Ayuso. — Iran, o del Indo al Tigris. Un vol. 1876, gr. in-8°.

Backer (L. de). — L'Archipel indien. Paris, 1874, in-8°.

Bancroft. — Native races of Pacific States of North America, 5 vol, gr. in-8°, 1875.

Burnouf (É.). — La légende athénienne. In-8°, 1872.

Burnouf (É.). — La science des religions. Trois. édit. In-12, 1876.

Chavée. — Français et Wallon. Un vol. in-12.

Compte rendu du Congrès international des américanistes. Première session, 2 vol. in-8°.

Compte rendu du Congrès international des américanistes. Seconde session, 2 vol in-8°.

Compte rendu du Congrès international des orientalistes. Première session, 2 vol in-8°.

Faidherbe (Général). — Essai sur la langue poul. In-8°, 1875.

Gaidoz (H.) et Rolland. — Mélusine. Revue de mythologie, littérature populaire, traditions et usages. Paris, in-8°.

Gravier. —Découvertes et établissements de Cavelier de la Salle dans l'Amérique du Nord. In-8°, 1870. — Un second vol. supplém. 1871.

Leclerc. — Bibliotheca americana. Gr. in-8°, 1867.

Lemière. — Deux études sur les Celtes et les Gaulois. Deux vol. in-8°, 1874, 1876.

Morice. — Étude sur deux dialectes de l'Indo-Chine. In-8°, 1875.

Pinart. — Catalogue des collections rapportées de l'Amérique russe. In-8°, 1872.

Pinart. — La caverne d'Aknanh. In-4°, 1875.

Pinart. — Voyages à la côte nord-ouest d'Amérique. In-4°.

Revue de linguistique et de philologie comparée. Première série : 10 volumes.

Serbes (Les) de Hongrie. Gr. in-8°, 2 vol.

Vinson (J.). — Le basque et les langues américaines. In-8°.

Instructions ethnographiques sur l'Inde dravidienne. 1868, in-8°, par le même.

Maricourt (R. de), membre du comité archéologique de Senlis, à Villemetrie, près Senlis (Oise).

Liste des monuments, gisements et découvertes connus dans le département de l'Oise, pour servir à la carte préhistorique dressée et exposée par R. de Maricourt et R. Guérin, d'après leurs recherches, des ouvrages et renseignements divers. Senlis, 1878, in-8°. (En collaboration avec M. R. Guérin.)

Marmisse, docteur en médecine, à Bordeaux (Gironde), rue du Temple, 6.

Essai analytique de statistique mortuaire pour la ville de Bordeaux, 1858-1860. Bordeaux, 1861, in-8°.

De la statistique mortuaire par les médecins vérificateurs des décès. Bordeaux, 1862, in-8°.

Recherches statistiques sur les maisons de Bordeaux au point de vue de l'hygiène publique. Bordeaux, 1863, in-8°.

Mouvement de la population de Bordeaux de 1640 à 1874. Bordeaux, 1875, in-8°.

De la fécondité au sein de la population bordelaise. Bordeaux, 1877, in-8°.

Martin (H.), sénateur, membre de l'Académie française, à Paris-Passy, rue du Ranelagh, 74.

De l'origine des monuments mégalithiques. (Revue des cours littéraires, 9 novembre 1867.)

Études d'archéologie celtique. Paris, 1873, in-8°.

Martin (E.), médecin-major à l'École polytechnique.

Sur la statistique relative au dénombrement de la population en Chine. Paris, 1872, in-8°.

L'Extrême Orient. Paris, 1873, in-8°.

Instructions sur l'anthropologie du Japon. Paris, 1873, in-8°.

Martin de Moussy (Mme V^e).

Description géographique et statistique de la Confédération Argentine, par Martin de Moussy. Paris, 1860, 3 vol. in-8°.

Atlas, 1869, in-f°.

Martinet (L.), au château de la Roche, à Graçay (Cher).

Sur une carte préhistorique du département de l'Indre. Paris, 1877, in-8°.

Martins (C.), professeur à la Faculté de médecine de Montpellier.

La création du monde organisé. Paris, 1871, in-8°, (Extrait de la Revue des Deux-Mondes.)

Comparaison des membres pelviens et thoraciques chez l'homme et chez les mammifères. Paris, 1873, in-8°.

Note sur l'ostéologie des membres antérieurs..... Paris, 1874, in-8°.

Valeur et concordance des preuves sur lesquelles repose l'évolution en histoire naturelle. Paris, 1867, in-8°.

Mattei (A.), docteur en médecine, à Paris, rue Thérèse, 4.

Pruverbj, detti e massime Corse. (Proverbes, locutions et maximes de la Corse.) Paris, 1867, in-8°.

Les annales de la Corse, t. I, 1877. Paris, in-f°.

Mercey (N. de), à Amiens (Somme).

Note sur les croupes de la Somme à Ailly-sur-Somme, à Bicilly, à la Chaussée-Tirancourt, etc. Mars 1877, in-8°. (Bulletin de la Société géologique de France.)

Sur deux questions concernant les croupes de la Somme; nouvelles indications sur les croupes de la Somme. Amiens, 1877, in-8°.

Millescamps (G.), membre du comité archéologique de Senlis, à Paris, boulevard Malesherbes, 19.

Le cimetière de Caranda et la coexistence des instruments de pierre avec ceux de bronze. Paris, 1875, in-8°.

Moinet (J.-C.), médecin des eaux de Cauterets, à Saujon (Charente-Inférieure).

De l'influence des climats chauds sur le traumatisme chez l'Européen. Montpellier, 1866, in-8°.

Morel, à Châlons (Châlons-sur-Marne).

Album des cimetières de la Marne. Prospectus. Châlons-sur-Marne, 1875, in-8°,

Découverte de sépultures gauloises au territoire de Marson. Châlons-sur-Marne, 1875, in-8°.

Moreno Maiz (J.-P.), docteur en médecine, à Lima (Pérou).

Noticeas sobre antiquedades de los Indios del tiempo anterior. Cordoue (sans date), in-8°.

Description des cimetières et paraderos préhistoriques de Patagonie. Paris (sans date), in-8°.

Morice (A), médecin de la marine, à Saïgon (Cochinchine).

Voyage en Cochinchine pendant les années 1872, 1873, 1874. Lyon, 1876, in-8°.

Mortillet (G. de), au château de Saint-Germain, à Saint-Germain-en-Laye (Seine-et-Oise).

L'époque quaternaire dans la vallée du Pô. Paris, 1864, iu-8°.

Les terramares du Reggianais. Paris, 1865, in-8°.

Les mystifiés de l'Académie des sciences, défi adressé à MM. Decaisne et Élie de Beaumont. Paris, 1865, in-8°.

Le signe de la croix avant le christianisme. Paris, 1866, in-8°.

Les habitations lacustres du lac du Bourget, à propos de la croix. (Extr. de la Revue savoisienne, 1866.)

Promenades au musée de Saint-Germain, catalogue illustré. Paris, 1869, in-8°.

Essai d'une classification des cavernes et des stations sous abri, fondée sur les produits de l'industrie humaine. Paris, 1869, in-8°.

Note sur M. Lartet. (Revue scientifique, 23 septembre 1871.)

Les Gaulois de Marzabotto dans l'Apennin. Paris, 1871, in-8°.

Le précurseur de l'homme. Paris, 1873, iu-8°.

Superposition du solutréen au moustérien à Thorigné (Mayenne). Paris, 1875, in-8°. (Extr. des bull. de la Société d'anthropologie.)

Découvertes de sépultures dans Seine-et-Marne. Paris, 1875, in-8°.

Origine du bronze. Paris, 1876, in-8°.

Fonderie de Larnaud (Jura). Lyon, 1876, in-4°.

Contribution à l'histoire des superstitions; amulettes gauloises et gallo-romaines. Paris, 1876, in-8°. (Extr. de la Revue d'anthropologie.)

Classification des diverses périodes de l'âge de la pierre. Paris, in-8°.

Revues préhistoriques. (Extr. de la Revue d'anthropologie, in-8°.)

Carte des anciens glaciers du versant italien des Alpes. 1860, carte in-f°, texte in-8°.

Origine de la navigation et de la pêche. 1867, in-8°.

Sur la théorie de l'affouillement glaciaire. 1863, in-8°.

L'homme fossile. 1862, in-8°.

Promenades préhistoriques à l'Exposition universelle. 1867, in-8°.

Le chronomètre du bassin de Penhouet, à Saint-Nazaire, réduit à sa simple valeur. 1877, in-8°.

Critique du chronomètre de Penhouet. 1878, in-8°.

Rapport sur la légende internationale des cartes préhistoriques, par de Mortillet et Chantre, 1875, in-8°.

Nadaillac (Marquis **de**), ancien préfet, à Paris, rue d'Anjou-Saint-Honoré, 12.

L'ancienneté de l'homme. Paris, 1870, in-12.

Nicaise (A.), à Châlons-sur-Marne.

Études paléoethnologiques. Les puits funéraires de Tours-sur-Marne. Châlons-sur-Marne, 1876, in-8°.

Parenteau (F.), à Nantes (Loire-Inférieure). — Inventaire archéologique de la Loire-Inférieure, atlas, 58 pl., in-4°.

Pellarin (C.), docteur en médecine, à Paris-Montrouge, route d'Orléans, 71.

Hygiène des pays chauds. Contagion du choléra démontrée par l'épidémie de la Guadeloupe. Paris, 1872, in-8°.

Perier (I.-A.-N.), ancien médecin en chef des Invalides, à Paris, rue de Grenelle-Saint-Germain, 22.

Fragments ethnologiques. Études sur les vestiges des peuples gaëlique et cymrique dans quelques contrées de l'Europe occidentale. Paris, 1857, in-8°.

Piette (E.), juge de paix, à Craonne (Aisne).

Album du cimetière de Chassemy (Aisne). 1 vol. in-4°.

Notices préhistoriques diverses. 1 vol. in-8°.

Plétrement (C.-D.), vétérinaire militaire en retraite, à Paris, rue d'Enfer, 31.

Les origines du cheval domestique d'après la paléontologie, etc. Paris, 1870, in-8°.

Mémoire sur les chevaux à 34 côtes des Aryas de l'époque védique. Paris, 1871, in-8°; second mémoire, Paris, 1873, in-8°.

L'origine des Chinois et l'introduction du cheval en Chine.

Sur l'ethnographie des Tamahus. Paris (sans date), in-8°.

Nouveaux documents sur quelques points de l'histoire du cheval. Paris, 1875, in-8°.

Poulet, à Plancher-les-Mines (Haute-Saône).

Vocabulaire étymologique du patois de Plancher-les-Mines et des environs.

Pozzi (S.), agrégé de la Faculté de médecine, à Paris, boulevard Saint-Germain, 131.

De la valeur des anomalies musculaires au point de vue de l'anthropologie zoologique. Lille, 1874, in-8°. (Extr. du Congrès de l'Association française.)

Circonvolutions cérébrales. Paris, 1875, in-8°. (Extrait de la Revue d'anthropologie.)

Des localisations cérébrales et des rapports du crâne et du cerveau au point de vue des indications du trépan. Paris, 1877, in-8°.

Quatrefages (A. **de**), membre de l'Institut, professeur d'anthropologie au Muséum d'histoire naturelle, à Paris.

Éloge historique de M. Geoffroy Saint-Hilaire. Paris, 1862, in-8°.

Sur la mâchoire humaine découverte par Boucher de Perthes dans le diluvium d'Abbeville. (Extrait des Comptes rendus de l'Académie des sciences. Plusieurs Notes.)

Observations à propos du mémoire de M. Pruner Bey et de la note de M. Élie de Beaumont. (*Ibid.* 25 mai 1863.)

Rapport sur l'ouvrage de M. J. Duval intitulé : Histoire de l'émigration européenne, asiatique et africaine. Paris, 1863, in-8°.

Les Polynésiens et leurs migrations : 1ʳᵉ partie, caractères généraux; 2ᵉ partie, origine et migrations. Paris, 1864, in-8°.

Histoire générale des races humaines, programme. Paris, 1864, in-8°.

Note sur les nouveaux ossements découverts par M. Boucher de Perthes à Moulin-Quignon. (Extr. des Comptes rendus de l'Académie des sciences du 18 juillet 1864.) Paris, 1864, in-4°.

Rapport sur les progrès de l'anthropologie en France. Paris, 1867, in-8°.

Darwin et ses précurseurs français. Paris, 1870, in-12.

Sur les origines anthropologiques des populations européennes. Paris, 1871, in-8°.

L'espèce humaine. Paris, 1877, in-8°.

Crania ethnica. Fasc. I à VI. Paris, 1874-1877, in-4°, avec planches. (En collaboration avec M. Hamy).

Races. (Extr. du Dictionnaire encyclopédique des sciences médicales.)

Races humaines. (*Ibid.*)

Les migrations et l'acclimatation en Polynésie. Paris, 1877, in-8°. (Extr. du Bull. de la Société d'acclimatation.)

Quin (L.-C.), vice-président de la Société géologique de Normandie, au Havre.

Le Havre avant l'histoire et l'antique ville de l'Eure. Havre, 1876, in-8°.

Rames (J.-B.), **Garrigou** (F.) **et Filhol** (H.), à Toulouse.

L'homme fossile des cavernes de Lombrives et de l'Herm (Ariège), avec une introduction historique et critique. Toulouse, 1862, in-8°.

Ranse (Dr F. de), à Paris, place Saint-Michel, 4.

Sur la consanguinité. Paris, 1864, in-8°.

Note sur l'utilité que peut présenter l'étude comparative des idiomes patois dans les recherches relatives à l'ethnologie de la France. Paris, 1867, in-8°.

Des unions consanguines au point de vue de l'hygiène et de la législation. Paris, 1862, in-8°.

Ray (J.), conservateur du Musée d'histoire naturelle, à Troyes.

Circulaire relative à l'inventaire des dolmens du département de l'Aube. Troyes, 1877, in-8°.

Album des monuments mégalithiques de l'Aube. Paris, 1878, in-f°.

Reinwald (C.), libraire-éditeur, à Paris, rue des Saints-Pères, 15.

Gozzadini. — La nécropole de Villanova. 1875, in-8°.

Gozzadini. — Renseignements sur une ancienne nécropole, à Marzabotte. 1871, in-8°.

Gozzadini. — Discours d'ouverture du Congrès de Bologne. In-8°.

Jeanjean. — L'homme des environs des Cévennes. In-8°.

Lepic. — Les armes et les outils préhistoriques reconstitués. In-4°.

Lepic. — Fouilles de la grotte de Savigny. In-4°.

Lepic et de Lubbac. — Stations préhistoriques du Vivarais. In-4°.

Mortillet (De). — Origine de la navigation et de la pêche. In-8°.

Rossi. — Origine de l'homme. In-8°

Bibliothèque des sciences contemporaines. Vol. in-12 : — Anthropologie, par Topinard. Linguistique, par Hovelacque.—Biologie, par Letourneau.—Estéthique, par Véron.

Robert (Z.), conservateur du Musée, à Lons-le-Saunier (Jura).

Société d'émulation du département du Jura (1835). Notice sur un crâne humain trouvé dans la grotte de Loisia et sur la grotte à ossements de Baume-les-Messieurs.

Cloz (Louis). Premier rapport sur les fouilles que la Société d'émulation a fait exécuter pendant l'été de 1865. Lons-le-Saunier, 1865, in-8°.

Vallée de Baume (Jura). Second rapport sur les fouilles de l'année 1866. Lons-le-Saunier, 1867, in-8°.

Troisième rapport sur les fouilles de l'année 1868. Lons-le-Saunier, 1869, in-8°.

Quatrième rapport sur les fouilles de l'année 1869. Lons-le-Saunier, 1870, in-8°.

Buchin (M.) et Cloz (L.). Archéologie du Jura. Notes sur un crâne humain perforé trouvé dans un tumulus antique exploré en 1875 sur le territoire de la commune de Geginvey (Jura). Lons-le-Saunier, 1876, in-8°.

Rochas (V. de), docteur en médecine, à Paris.

Essai sur la topographie hygiénique et médicale de la Nouvelle-Calédonie. Paris, 1860, in-4°. (Thèse).

Observations sur l'archipel de Magellan. Paris, 1861, in-4°. (Le Tour du monde, 1861, n° 67.)

Naufrages et scènes d'anthropophagie à l'île Rowell, 1858. (Le Tour du monde, 1861, n° 84.)

La Nouvelle-Calédonie et ses habitants. Paris, 1862, in-12.

Les parias de France et d'Espagne. Paris, 1876, in-8°.

Roujou (A.), professeur à la Faculté des sciences, à Clermont-Ferrand.

Recherches et études sur les sépultures celtiques des environs de Choisy-le-Roi. Paris, 1863, in-8°. (Extrait du Bulletin de la Société d'anthropologie de Paris.)

Recherches sur l'âge de pierre quaternaire, suivies de quelques observations sur l'ancienneté de l'homme. Paris, 1865, in-8°. (Extr. du Bull. de la Société d'anthropologie de Paris.)

Note sur quelques caractères du type primitif des mammifères et sur quelques-unes de ses analogies avec les primates. Paris, 1870, in-8°. (*Ibid.*)

Station des Hautes-Bornes. Age de la pierre polie. Toulouse (sans date), in-8°. (Extr. des Matériaux pour servir à l'histoire primitive et naturelle de l'homme.)

Études sur les terrains quaternaires du bassin de la Seine. Paris, 1873, in-8°.

Recherches sur les races humaines de la France. Paris, 1873, in-8°. (Thèse pour le doctorat ès sciences naturelles.)

Rousselet (L.), archéologue, voyageur dans l'Inde, à Paris, rue de Médicis, 5.

L'Inde des rajahs. Paris, in-4°. (Extr. du Tour du monde.)

Royer (Mme Cl.), à Paris, rue de Rome, 105.

Origine de l'homme et des sociétés. Paris, 1870, in-8°.

Lettre à M. le président de l'Académie des sciences morales et politiques. 1 page autogr. Paris, 1873, in-4°. (A propos du transformisme.)

Divers articles non signés :

L'archéologie préhistorique. — La Civilisation mégalithique. — *L'homo primigenius* et son industrie. — Transition de l'âge de la pierre taillée à l'âge de la pierre polie. — La céramique primitive. — La Civilisation de la pierre polie. (*La République française,* n°s des 18 février, 24 juin, 9 décembre, 1873, 22 septembre 1874, 27 juillet, 30 novembre 1875.)

Zoroastre, son époque et sa doctrine. Versailles, 1874, in-8°. (Extrait de la Revue de philosophie positive.)

Saint-Vel (O.), docteur en médecine, à Paris, rue d'Amsterdam, 46.

Hygiène des Européens dans les climats tropicaux, des créoles et races colorées dans les pays tempérés. Paris, 1872, in-12.

Salmon (P.), à Paris, rue Le Peletier, 29.

Dictionnaire archéologique du département de l'Yonne, époque celtique. Auxerre, 1878, 1 vol. in-8°.

Sanson (A.), professeur de zoologie et de zootechnie à l'École nationale de Grignon.

Sur la consanguinité. (Extr. du Bull. de la Société d'anthropologie.)

Principes généraux de zootechnie. Paris, 1862, in-8°.

Science sans préjugés. Exposé critique des faits et questions scientifiques du temps. Paris, 1865, in-12.

Semaines scientifiques ou exposé critique annuel des progrès de la science et de leurs applications. 1ʳᵉ année. Paris, 1866, in-18.

Économie du bétail. Applications de la zootechnie. T. I : Cheval, âne. T. II : Bœufs, mouton, chèvre, porc, etc. Paris, 1867, 2 vol. in-18.

Économie du bétail, 2ᵉ partie. Principe généraux de zootechnie. Paris, 1868, in-8°.

Applications de la zootechnie. Paris, 1867, in-12.

Sur l'origine tératologique attribuée à quelques races chez les animaux domestiques. Paris, 1867, in-8°.

Des types naturels en zoologie. Paris, 1867, in-8°.

Mémoire sur la nouvelle détermination d'un type spécifique de race chevaline à cinq vertèbres lombaires. Paris, 1868, in-8°. (Extr. du Journal d'anatomie et de physiologie.)

La notion philosophique de l'espèce. Versailles, 1868. (Extr. de la Revue de philosophie positive.)

Exposition universelle de 1867, à Paris. Rapport sur les espèces bovines. Classe 76, bœufs, buffles, etc. Paris, 1868, in-8°.

Les migrations des animaux domestiques. Paris (s. d.), in-8°. (Extr. de la Revue de philosophie positive.)

Mémoire sur le métis du lièvre et du lapin. Paris (s. d.), in-8°. (Extr. des Annales des sciences naturelles.)

Mémoire sur la théorie du déve'oppement précoce des animaux domestiques. Paris, 1872, in-8°.

Recherches expérimentales sur la respiration pulmonaire chez les gran.ls mammifères domestiques. Paris, 1877, in-8°. (Extr. du Journal d'anatomie et de physiologie.)

Sauvage (É.), aide-naturaliste au Muséum d'histoire naturelle, à Paris.

Étude sur le terrain quaternaire de Blandecques (Pas-de-Calais). Boulogne-sur-Mer, 1865.

Recherches sur l'état sénile du crâne. Paris, 1870, in-4°. (Thèse.)

L'homme fossile de Denise. Paris, 1872, in-8°.

Étude sur les terrains quaternaires du Boulonais. Paris, 1866, in-8°, par Sauvage et Hamy.

Sémallé (R. **de**), à Versailles (Seine-et-Oise), rue de l'Hermitage, 1.

Les Indiens d'Amérique. (*L'Illustration*, nᵒˢ 1340, 1347, 1350, année 1868).

Les Indiens des États-Unis. Paris, 1869, in-8°. (Extrait du *Bulletin de la société de géographie* et de *l'Illustration*).

Projet d'organisation de l'Algérie. Versailles (sans date), in-8°.

Établissement de colonies pénitentiaires. Sur la peine de mort. Versailles, 1871, in-8°.

Simonot (**M**ᵐᵉ Vᵉ).

L'acclimatement des Européens dans les pays chauds, par le docteur Simonot. Paris, 1867, in-4°. (Extrait de la Revue des cours scientifiques).

Société des langues romandes, à Montpellier (Hérault).

Romania. Volumes in-8°.

Topinard (P.), professeur à l'École d'anthropologie, sous-directeur au laboratoire d'anthropologie de l'École des hautes études, à Paris, rue de Rennes, 97.

Anthropologie de l'Algérie. Paris, 1869, in-8°. (Extrait de l'Encyclopédie générale.)

Algérie. Études sur les races indigènes de l'Algérie. Paris, 1872.

Du prognathisme alvéolo-nasal. Paris. (Extrait du *Bulletin de la société d'anthropologie*), 1872.

Du craniophore. Paris, 1872.

Des diverses espèces du prognathisme. (Extrait de la *Revue d'anthropologie*), 1873.

Étude sur Pierre Camper et sur l'angle facial. Paris, 1874, in-8°.

Fouilles de Ramasse. Bourg, 1874, in-8°.

L'anthropologie. Paris, 1876, in-12. 1re édition 1876; 2e édition 1877, in-12. Bibliothèque des sciences contemporaines.

Sur l'anthropologie de l'Algérie, en collaboration avec le général Faidherbe. Paris, 1874.

Étude sur la taille considérée suivant l'âge, le sexe, l'individu, les milieux et les races. Paris, 1876, in-8°.

Historique de l'anthropologie, leçons d'ouverture. Paris, 1877, in-8°. (Extrait de la *Gazette médicale*.)

Des métis humains. Paris, 1877, in-8°.

De l'évolution des races humaines. Paris, 1877, in-8°.

Des anomalies de nombre de la colonne vertébrale chez l'homme. Paris, 1877, in-8°. (Extrait de la *Revue d'anthropologie*.)

Cours de l'école d'anthropologie. Histoire de l'anthropologie de 1800 à 1839. Paris, 1878, in-8°.

Ujfalvy de Mezo Kovesd (Ch.-E. **de**), à Paris.

Les migrations des peuples et particulièrement celle des Touraniens. Paris, 1873, in-8°.

Vinson, garde général des forêts, à Bayonne (Basses-Pyrénées).

Collection d'anciens livres basques.

Voulot (F.), à Épinal (Vosges).

A B C d'une science nouvelle.

Les Vosges avant l'histoire. Étude sur les traditions, les institutions, les usages, les idiomes, les armes, les ustensiles, les habitations, les cultes, les types de la race des habitants primitifs de ces montagnes. Mulhouse, 1872, in-fol.

VII.

ALGÉRIE.

EXPOSITIONS COLLECTIVES ET PARTICULIÈRES.

Commission algérienne de l'Exposition (Alger). — Six mannequins de grandeur naturelle représentant des indigènes kabyles et arabes (trois hommes, trois femmes). — Collection de crânes de provenance diverse.

Musée permanent des colonies, à Paris, Palais de l'Industrie, aux Champs-Élysées. Conservateur : M. DE DYANNES. — Fac-similé du Madrecen, ou tombeau des rois de Numidie. — Série de crânes de provenances diverses. — Poteries diverses. — Lampe en fer. — Harnachements. — Bracelets, colliers, fibules et autres bijoux en argent. — Ceintures, éventails, etc. — Instruments de musique, objets de vannerie, etc.

Bleicher (Dʳ), professeur à l'École supérieure de pharmacie de Nancy (Meurthe-et-Moselle). — Dessin de sculptures sur rocher de la province de Bone.

Feraud, interprète principal de la direction générale de l'Algérie, à Alger. — Silex taillés de Ouargla (province de Constantine). — Silex taillés divers des environs de Tanger et de Fez (Maroc).

Foucaud (F.), à Fredières, par Saint-Barban (Haute-Vienne). — Pointes de flèches en silex de Hassi-el-Sebile.

Jullien, lieutenant au 3ᵉ tirailleurs algériens (Algérie). — Plan et dessins de cavernes et de crânes humains d'Algérie. — Produits de la caverne du Chabor : silex, poteries et ossements humains (province de Constantine.)

Mercier (E.), interprète-traducteur assermenté, à Constantine (Algérie).

LIVRES : Ethnographie de l'Afrique septentrionale. Paris, 1874, in-8°.

Comment l'Afrique septentrionale a été arabisée. Paris, 1874, in-8°.

Histoire de l'établissement des Arabes dans l'Afrique septentrionale, selon les documents fournis par les auteurs arabes et notamment par l'histoire des Berbères d'Ibn Khaldoun. Constantine, sans date, in-4°.

Molinir-Violle, instituteur. — Carte en relief de l'Algérie.

Ricoux (Dʳ), à Philippeville (Algérie). — Accroissement de la population en Algérie de 1830 à 1876. — Accroissement de la population dans la ville de Philippeville et ses annexes (1838-1876). — Accroissement de la population européenne en Algérie par immigrations, par excédent de naissances — Nuptialité. — Natalité. — Mortalité en Algérie pour 1,000 habitants. — Natalité et mortalité, leur marche parallèle pour chacune des nationalités. — Natalité et mortalité comparées en Algérie et en Europe.

Saurey (Dʳ), à Biskra (province de Constantine). — Crânes de Borhers et autres habitants de Biskra.

Thomas, vétérinaire militaire, directeur du pénitencier indigène de Ain-el-Bey (province de Constantine). — Poteries anciennes. — Débris humains provenant du Madrecen. — Série de silex taillés. — Pointes de flèches en silex de Ouargla. — Série de maxillaires humains et ossements d'animaux. — Antiquités d'époques diverses en bronze, fer, verre, etc.

VIII.

PAYS ÉTRANGERS.

ANGLETERRE.

Collège royal des chirurgiens de Londres. Conservateur, M. le professeur FLOWER. — Photographies des salles du Collège royal des chirurgiens : Musée de Hunter. — Squelette articulé de tasmanien. — Squelette incomplet de tasmanienne. Douze crânes tasmaniens. — Huit crânes de Mallicolo. — Série de crânes de provenances diverses (Directias, Vanikoro, Nouvelles-Hébrides, Gibraltar). — Deux têtes artificiellement préparées, de l'île de Rubiana, archipel de Salomon.

Institut anthropologique de la Grande-Bretagne et de l'Irlande. — Quinze crânes de provenances diverses des tribus indigènes de l'Inde.

Registror général d'Angleterre, à Londres. Superintendant : M. le Dr FARR. — Tableau de la mortalité de Londres. — Tableau de la météorologie de Londres.

Sanitary Chambers de Glascow (Écosse). — Rapport des décès pour toutes les causes et pour certaines causes spécifiées à tous les âges et au-dessous de six ans. 1876.

Barnard Davis (D^r). — Série de squelettes Aïnos, Negritos, Australiens, Tasmaniens, et de crânes Boschimans, Arabes, Peaux-Rouges, Chinois, Aïnos, Japonais, Afghans, Suédois, extraits de la collection Shelton.

Cust (R.), à Londres, Saint-Georges square. — Carte linguistique de l'Inde et des régions limithrophes; carte linguistique de l'Indo-Chine et de la Malaisie (en langue anglaise).

Evans (M.-J.). — Haches du type de Saint-Acheul. — Haches, grattoirs, ustensiles divers de l'âge de la pierre polie. — Armes et instruments de l'âge du bronze de la Grande-Bretagne.

Flower (Professeur). — Spécimens de planches murales servant aux démonstrations dans les cours d'anthropologie : Crânes Anglais, Australiens, Tasmaniens et Melanésiens. Crâne de gorille. Photographies d'un Fuégien, d'une Australienne, d'une Tasmanienne et d'un indigène de Rarotonga.

Lewis (M. A. L.). — Plan en relief du cercle de Stonehenge.

Lubbock (Sir John). — Deux têtes dites *Chinchas*, préparées par les Indiens Macas de l'Amérique du Sud.

Park Harrison. — Silex taillés et polis. — Photographie, *sur place*, d'un squelette humain trouvé enfoui dans une galerie souterraine.

5.

Pengelly (W.), archéologue, à Torquay (Angleterre).

Livres : Second Report of the Committee for exploring Kent's cavern (s. l.), 1866, in-8°; 3ᵈ report, 1867 ; 4ᵗʰ report, 1868 ; 5ᵗʰ report, 1869; 6ᵗʰ report, 1870; 7ᵗʰ report, 1871. (Extr. des transactions of Devonshire Association.)

The Antiquity of Man in South-West of England. (Sans lieu), 1867, in-8°.

On an Accumulation of Shells with human industrial Remains found on a hill near the River. (Sans lieu), 1867, in-8°.

On the condition of some of the bones found in Kent's Cavern near Torquay Devonshire. (Sans lieu), 1868, in-8°.

The Litterature of Kent's Cavern. Torquay, 1868 in-8° ; *ibid.,* 1869 ; *ibid.,* 1871.

On the alleged occurrence of *Hippopotamus major* and *Machairodus* Latidens, in Kent's Cavern. Torquay, 1869, in-8°.

The insolation of Saint-Michel's Mounth. Cornwall, 1872, in-8°.

The Cavern discovered in 1848 in Windmill Hill. Bruxham, 1874, in-8°.

The flint and chest implements found in Kent's Cavern (Torquay).

Notes on recent Notices of the Geology and Paleontology of Devonshire. Part. II, part. III, 1876, in-8°.

Memoranda. (Sans lieu), in-8°.

Sorby (U.-C.). — Deux dessins faits avec du pigment obtenu sur des cheveux humains.

Westropp. — Collection de pointes de flèches barbelées en silex.

AUTRICHE.

Délégué : M. VON LUSCHAN.

ANTHROPOLOGIE GÉNÉRALE.

Académie impériale des sciences, à Cracovie (Galicie). — Objets préhistoriques trouvés en Galicie et en Podolie. — Photographies des objets préhistoriques les plus remarquables du Musée archéologique de l'Académie impériale des sciences à Cracovie, provenant des différents pays de l'ancienne Pologne. — Six crânes préhistoriques découverts dans les mêmes contrées. — Album phototypique de l'Exposition archéologique de Cracovie, en 1858 et 1859.

Académie impériale des sciences, à Vienne, Universitætsplatz, 1. — Ouvrages anthropologiques faisant partie des publications relatives au voyage de circumnavigation de la frégate « Novara », rédigées sous la direction de l'Académie impériale des sciences : Cranien der Novara-Sammlung von Dr E. Zuckerkandl, mit 24 Tafeln, Wien, 1875. (Les crânes de la collection de la « Novara » décrits par le Dr Zuckerkandl.) Körpermessungen an Individuen verschiedener Menschenracen, von Dr Friedrich A. Weissbach, Wien, 1867. (Proportions du corps humain mesurées sur des individus de races différentes, par le Dr Friedr. A. Weissbach.)

Benedikt (Dr M.), professeur de la Faculté, à Vienne, Franziskanerplatz, 5. — Huit crânes et cinq moulages de crânes de criminels. — Un compas craniométrique. — Un coordonnateur craniométrique.

Bolmareich (Dr G.), archi-prêtre, à Ossero, île de Cherso (Dalmatie). — Sept crânes et un fémur trouvés dans les cavernes d'Ossero.

Drasche (Dr A.), professeur d'épidémiologie à la Faculté de Vienne, Wollzeile, 23. — Ouvrages : Statistich-graphische Darstellung der Cholera-Epidemie in Wien während 1873 ; mit 12 statistischen Tabellen, 5 graphischen Darstellungen, 1 Karte. (Traité statistique et graphique du choléra, à Vienne, en 1873 ; avec 2 cartes coloriées.) — (Die Cholera-Epidemie 1873, auf dem Boden Wiens mit Bezug auf dessen hypsometrische und geologische Verhältnisse a), nach der allgemeinen Mortalität und b) nach der percentuellen Mortalität. (Le choléra à Vienne, en 1873, dans ses rapports avec les conditions hypsométriques et géologiques du terrain considéré (a), d'après la mortalité générale et (b) d'après la mortalité relative.)

Dzieduszycki (Comte V.), à Lemberg (Galicie). — Objets de l'âge de pierre découverts en Galicie.

Heschl (Dr R.-L.), professeur d'anatomie pathologique à la Faculté de Vienne, Alserstrasse, 16. — Un craniomètre. — Un craniographe. — Un ellipsographe craniométrique. — Réductions en cire de sept crânes de microcéphales ou de conformation anomale.

Institut anatomique de l'Université de Vienne. Directeur, le Dr A. Langer, professeur de la Faculté ; prosecteur, le Dr E. Zuckerkandl, Vienne, Währingerstrasse, 1. — Moulages de l'os coxal, du fémur et du tibia d'un géant d'environ 252 centimètres de hauteur. — Moulage du crâne d'un géant d'environ 209 centimètres de hauteur. — Sept moulages de crânes néanderthaloïdes, microcéphales et nanocéphales. — Trente et un crânes des races vivant en Autriche. Publications anthropologiques du Dr A. Langer et du Dr E. Zuckerkandl.

Kanitz (F.), président du Comité autrichien de l'Exposition des sciences anthropologiques, à Paris, en 1878. Vienne, Eschenbachgasse, 9. — Cartes des tumulus de la Bulgarie danubienne et des Balkans (manuscrit).

Kopernicki (Dr J.), membre correspondant de l'Académie impériale des sciences, à Cracovie, Slawkowergasse, 288, Galicie. — Trente-quatre crânes des races habitant le sud-est de l'Europe, savoir : quatre Grecs, quatre Hongrois, cinq Juifs, quatre Bulgares, treize Tsiganes, deux Albanais (arnautes), un zinzare, un négro-roumain.

Lehmann (L.), marchand de tableaux à Prague, Bohême. — Ouvrage : Monumenta varia populorum et antiquorum et recentiorum statuum illustrantia quæ Nicolaus Lehmannus collegit et Pragæ exposuit. Fasciculus 1, 1878. (Avec des photographies.)

Luschan (Dr F.), à Vienne, Stoss im Himmel, 3. — Huit crânes déformés artificiellement. — Objets préhistoriques en bronze trouvés dans un tumulus, près Warmbad-Villach (Carinthie). — Photographies d'un crâne humain fossile, trouvé à Nagy-Sap (Hongrie), et du crâne d'un Hongrois ressemblant au crâne du Néanderthal. — Aquarelles du tumulus et des grottes de Warmbad-Villach. — Mémoires anthropologiques publiés dans le bulletin de la Société d'anthropologie de Vienne.

Much (Dr M.), secrétaire de la Société d'anthropologie, à Vienne, Josefsgasse, 6. — Moulages d'ornements céramiques de l'époque préhistorique, trouvés dans la Basse-Autriche.

Müllner (Dr A.), professeur I. R. à Marbourg (Styrie). — Objets préhistoriques en pierre, en fer et en bronze. — Objets trouvés dans le tumulus de Rossewein, près Hausambacher (Styrie). — Types agrandis de têtes copiés sur des monnaies barbares trouvées en Styrie et en Carniole. — La nécropole préhistorique à Maria-Rast (aquarelle). — Cartes des découvertes archéologiques faites en Styrie et en Carniole. — Ouvrage : Emona, études archéologiques sur la Carniole. Laibach, 1878.

Musée I. R. d'histoire naturelle, à Vienne. Intendant : le docteur Fr. von Hochstetter, conseiller aulique. — Vingt-trois crânes préhistoriques. — Deux squelettes découverts à Hallstatt (Haute-Autriche), avec les objets en bronze et les vases renfermés dans les tombeaux arrangés *in situ*. — Objets trouvés dans des tombeaux cinéraires du Salzberg, près Hallstatt. — Objets découverts dans les palafittes de l'Attersee (Haute-Autriche).

Musée d'industrie, à Cracovie (Galicie). — Objets préhistoriques en silex, en pierre, en bronze et en cuivre, trouvés en Galicie, dans les provinces de Varsovie, de Lomza, de Podolie, de Volhynie et dans l'Ukraine.

Musée provincial de la Carniole, à Laibach (Carniole). — Objets trouvés dans les palafittes des marais de Laibach : ustensiles, outils et instruments en os, corne, pierre, poteries, débris végétaux, ossements d'animaux, crânes humains.

Rottmayer (J.-B.), photographe de la cour I. R. (Trieste). — Photographie, grandeur naturelle, d'une jeune fille du peuple pygmée des Akka (Afrique centrale).

Sacken (Baron E.), directeur du Cabinet I. R. des monnaies et des antiquités, à Vienne, Wallfischgasse, 1. — Ouvrages : Ueber Ansiedlungen und Funde aus heidnischer Zeit in Niederösterreich, 4 tafeln. Wien, 1873. (Les habitations et les découvertes de l'époque païenne en Basse-Autriche.) — Archäologische Funde beim Bau der Wiener Hochquellen-Wasserleitung. Aus den Abhandlungen de K. K. Geologischen Reichsanstalt, band IX, 2 tafeln. (Découvertes archéologiques faites pendant la construction de l'aqueduc de Vienne.) — Das Grabfeld von Hallstatt in Oberösterreich und dessen Alterthümer. Mit 26 tafeln. Wien, 1868. (La nécropole de Hallstatt et ses antiquités.) — Ueber einige neue Funde im Grabfelde bei Hallstatt, 2 tafeln. (Sur les nouvelles découvertes archéologiques de Hallstatt.) — Leitfaden zur Kunde des heidnischen Alterthums mit Beziehung auf die österreichischen Länder, mit 84 holzschnitten. Wien, 1865. (Manuel pour l'étude des antiquités de l'époque païenne en Autriche.)

Seligmann (Dr F.-R.), professeur de la Faculté, à Vienne, Waisenhausgasse, 3. — Trois crânes préhistoriques découverts à Hallstatt (Haute-Autriche).

Simony (D' F.), professeur de l'Université, à Vienne, Salesianergasse, 13. — Ouvrage : Die alterthümer vom Hallstäter Salzberg und dessen Umgebung. Wien, 1851. (Les antiquités de Salzberg du Hallstalt et de ses environs.)

Société d'anthropologie, à Vienne, Universitätdsplatz, 1. — Mittheilungen der Anthropologischen Gesellschaft in Wien, Band I-VII. Wien, 1871 bis 1878. (Bulletin de la Société d'anthropologie, 7 volumes.)

Teichmann (D' L.), professeur de la Faculté, à Cracovie (Galicie). — Sept cerveaux humains momifiés d'après un procédé nouveau. — Un craniomètre.

Thinnfeld (Baronne F.), Deutsch-Feistritz (Styrie). — Crâne romain trouvé dans un tombeau romain près Peggau, en Styrie. — Ossements fossiles, trouvés dans les grottes, aux environs de Peggau (Styrie).

Ville de Vienne. — Objets préhistoriques, trouvés à Leobersdorf (Basse-Autriche), pendant la construction du nouvel aqueduc de Vienne.

Wilckens (D' M.), professeur de l'Académie I. R. d'agriculture, à Vienne, Laudongasse, 17. — Ossements d'animaux découverts dans les palafittes du marais de Laibach.

Woldrich (D' J.-N.), professeur I. R. à Vienne, Hauptstrasse, 97. — Trois crânes préhistoriques et objets préhistoriques en os, bronze, fer, argile et pierre, trouvés en Bohême, Moravie, Basse-Autriche, Hongrie et Dalmatie. — Moulage d'un crâne de Canis f. intermedius (Woldrich) de l'Ustrine de Pulkau (Basse-Autriche).

Wurmbrand (Comte G.), à Graz (Styrie). — Imitations modernes des procédés techniques, employés par les peuples préhistoriques pour la production et la fabrication du bronze fondu et du fer : épées, pointes de lance et collier en bronze fondu, fabriqués sans l'aide d'outils de fer; objets fabriqués avec du fer extrait directement du minerai d'après le procédé préhistorique. Plan des fosses de coulée préromaines, découvertes par l'exposant, près Hüttenberg, en Carinthie. — Objets de l'industrie domestique actuelle, ayant conservé les modèles, les formes et les ornements de l'industrie préhistorique : vases céramiques des Slaves méridionaux et de la Galicie; objets en bois en usage chez les Hongrois, les Esclavons, les Tsiganes bosniaques, les Slaves de la Carniole (Wenden); fers à cheval préromains et postromains. Traîneau-patin monté sur des métacarpes de cheval, en usage sur le lac de Starnberg (Bavière); os métacarpiens montés en patin. Gaffe sculptée dont se servent les Transylvains pour glisser à l'aide de ces patins. Ornements brodés par les femmes des Slaves méridionaux.

ETHNOLOGIE.

Académie impériale des sciences, à Cracovie. — Album de 40 photographies des paysans ruthéniens et des juifs de Podolie. Collection de 60 échantillons des cheveux des paysans polonais et ruthènes. Collection de 60 œufs de Pâques enluminés, en usage chez les paysans ruthéniens de la Galicie orientale.

Académie impériale des sciences, à Vienne. — Ouvrages ethnographiques faisant partie des publications relatives au voyage de circumnavigation de la frégate Novara, rédigées sous la direction de l'Académie impériale des sciences : Ethnographie, auf Grund des von D' K. v. Scherzer gesammelten Materiales, bearbeitet von D' Friedrich Müller. Mit 10 photographischen Tafeln und einer ethnographischen Weltkarte von A. J. Kracher, Wien, 1868. (Ethnographie, rédigée par le D' Friedrich Müller à l'aide des matériaux recueillis par le D' K. de Scherzer.) Linguistischer Theil, bearbeitet von demselben autor. Wien, 1857. (Partie linguistique, par le même auteur.)

Commission centrale I. R. de statistique, à Vienne, Mölkerbastei, 5. — Recueils : Bevölkerung und Viehstand der im Reichsrathe vertretenen Königreiche und Länder nach der Zählung vom Jahre 1869. (Statistique de la population du bétail de la partie cisleithanienne de l'Empire, d'après le recensement de 1869.) — Statistik des Sanitätswesens für 1873, bearbeitet von Alexander Killicher. (Statistique sanitaire de l'année 1873.) — Cartes : Ethnographische Karte der Oesterreichisch-Ungarischen Monarchie in 4 Blättern, 1856; Dieselbe Karte in einem Blatt, 1866. (Carte ethnographique de la monarchie austro-hongroise, en 4 feuilles, dressée en 1856; la même carte en 1 feuille, publiée en 1866).

Dzieduszycki (Comte V.), à Lemberg (Galicie). — Produits de l'industrie domestique de la Galicie : 72 vases à différents usages en argile brute, vernie et émaillée. Objets en bois : caisse en bois sculpté et peint; flacon et baril sculptés, confectionnés par les montagnards des bords du Pruth. — Broderies de manches et de devants de chemises portées et confectionnées par les paysannes de la Galicie orientale. — Tapis de laine, employés également comme couvertures, provenant des mêmes contrées. — Modèles d'une chaumière et d'un puits du district de Krosno. — Collection des œufs de Pâques peints, en usage chez les paysans du district de Brody. — Costumes de paysans de différentes contrées de la Galicie (20 aquarelles). — Costumes nationaux des paysans de la Galicie. Les spécimens exposés, tirés du musée d'ethnographie du comte Vladimir Dzieduszycki, sont destinés à montrer les analogies frappantes qui existent entre l'industrie des temps préhistoriques et l'industrie domestique (primitive) contemporaine, sous le rapport de la forme, de l'ornementation et des procédés techniques.

Edlmann (E.), président de la Société d'agriculture de la Carinthie, Klagenfurt, Carinthie. — Modèle d'une ferme allemande de la haute Carinthie et d'une ferme slave de la basse Carinthie.

Guggenberger (J.), propriétaire, à Stall (Carinthie). — Modèle d'un chalet des Alpes Carinthiennes.

Hartinger et Sohn, imprimeurs-éditeurs, à Vienne, Mariahilferstrasse, 117. — Ouvrages : Typen der landwirthschaftlichen Bauten, des bäuerlichen Grundbesitzes in Tyrol und Vorarlberg, vom kaiserl. Rath Professor Ferdinand Kaltenegger, Mit Tafeln. Wien, 1878. (Types des constructions rurales du Tyrol et du Vorarlberg.) — Die typischen Bauten des Kleingrundbesitzes in Böhmen von Ernst und Heinrich Seydel. Mit 10 Tafeln. Wien, 1878. (Texte allemand et bohême. Types de petites constructions rurales.)

Hellwald (F.), rédacteur en chef du recueil périodique «Das Ausland», Cannestadt bei Stuttgart. — Ouvrages : Culturgeschichte in ihrer natürlichen Entwickelung bis zur Gegenwart. 2. neu bearbeitete und sehr vermehrte Auflage. 2. Bände. Augsburg, 1877. (Histoire du développement de la civilisation, depuis son origine jusqu'à nos jours.) — Die Erde und ihre Völker. Ein geographisches Hausbuch. 2. Auflage 2 Bände. Stuttgart, 1878. (La terre et ses habitants.)

Jansky (K.), libraire-éditeur, Tabor, Bohême. — Tableau graphique : Die Völker und Sprachstämme der Erde, genealogische Classification derselben, von Wenzel Krizek, Director des K. K. Ober-Realgymnasiums in Tabor. (Les peuples et les langues du globe d'après leur classification généalogique.)

Institut de physiologie zoologique et de zoologie vétérinaire, annexe de l'école I. R. supérieure d'agriculture, à Vienne, Laudongasse, 17. — Modèle d'une métairie alpestre du Vorarlberg avec son installation complète.

Kaltenegger (F.), professeur I. R. Brixen (Tyrol). — Modèle d'une maison de paysan de la vallée de Grœden (Tyrol). — Modèle de la charrue romaine (Kudria-quadriga) encore en usage dans la vallée de Grœden.

Kanitz (F.), président du comité autrichien de l'exposition des sciences anthropologiques à Paris, 1878, Vienne, Eschenbachgasse, 9. — Ouvrages : Serbien, historisch-ethnographische Reisestudien aus den Jahren 1859 bis 1868, Mit 40 Illustrationen, 20 Tafeln und eine Karte. Leipzig, Fries, 1868. (Études historiques et ethnographiques sur la Serbie, recueillies par F. Kanitz pendant ses voyages d'exploration de 1859 à 1868.) — Donaubulgarien und der Balkan, historisch-geographisch-ethnographische Reisestudien aus den Jahren 1860-1876. Mit 53 Illustrationen, 20 Tafeln und 1 Karte, Leipzig,

Fries 1 Band 1875. 2 Band 1877. (Études historiques, géographiques et ethnographiques sur la Bulgarie danubienne et les Balkans, recueillies par F. Kanitz pendant ses voyages d'exploration de 1860 à 1876.) — Carte ethnographique de la Bulgarie danubienne et des Balkans (manuscrit). — Tableaux statistiques des villes et villages de la Bulgarie danubienne et des Balkans, d'après la nationalité des habitants (manuscrit). — Types nationaux de Bulgares, Serbes, Monténégrins, Bosniaques, Herzégoviniens et Macédo-Valaques, dessins d'après nature par F. Kanitz. — Procédés industriels des Bulgares, Serbes, Zinzares et Turcs, et·scènes de la vie rurale des Bulgares; dessins d'après nature par F. Kanitz. — Spécimens de l'industrie des Bulgares, métal et bois, broderies et tissus, poteries.

Kolberg (O.), membre de l'Académie impériale des sciences de Cracovie, de la Société impériale de géographie à Saint-Pétersbourg, à Modlinca, près Cracovie (Galicie). — Ouvrage polonais: Matériaux pour servir à l'ethnographie slave. Le peuple, coutumes, mœurs, langue, cérémonies, chansons, danses, etc., 11 volumes. Varsovie et Cracovie, 1857-1877. — Collection de photographies représentant les types, les costumes et des scènes de la vie du peuple polonais.

Kopernicki (D J.**)**, membre associé de l'Académie impériale des sciences à Cracovie (Cracovie), Slawkowergasse, 288, Galicie. — 2 albums avec 544 photographies, en grande partie coloriées, représentant les types et les costumes des Polonais, Ruthéniens et Juifs des différentes parties de la Pologne.

Kracher (A.-J.), employé de l'Académie impériale des sciences, à Vienne, Universitäts platz, 1. — Ethnographische Weltkarte zu den wissenschaftlichen Publicationen über die Novara.—Expedition, Wien, 1868. (Carte générale d'ethnographie pour servir aux publications scientifiques relatives au voyage de la Novara).

Kramer (O.), éditeur (spécialité de photographies) fournisseur des cours d'Autriche et de Bavière, Vienne, Graben, 7. — Collection de 78 photographies coloriées, représentant des types et des costumes nationaux de l'Autriche-Hongrie : Tyrol, Vorarlberg, Hongrie, Transylvanie (Tsiganes, Saxons et Roumains), Galicie (Ruthéniens, Juifs), Bohême, Dalmatie.

Miklosich (D F.**)**, professeur de l'Université, Vienne, Josefstädterstrasse, 11. — Ouvrages : Ueber die Mundarten und Wanderungen der Zigeuner Europas. Wien, 1872 bis 1877. 8 Hefte (Dialectes et migrations des Tsiganes d'Europe.) — Beiträge zur Kenntniss der Zigeuner. — Mundarten, 3 Hefte. Wien, 1878. (Matériaux pour servir à l'étude des dialectes Tsiganes.)

Milossevich (A.), négociant, à Spalato (Dalmatie). — Chaussures nationales (opanke) pour hommes et femmes du district de Sign (Dalmatie). — Une tête de pipe (cam-minetto) en bois avec des ornements en laiton, produit de l'industrie domestique du district d'Imoschi (Dalmatie). — Châle en laine, tissé et teint par les paysannes du district de Sign. — Drap pour costume de femme confectionné par les paysannes de Sign. Ce drap est d'une résistance extrême, et sa solidité assure aux costumes dalmates une durée de cinquante à soixante années. — Chemise de femme en toile richement brodée, du xv° siècle.

Ministère I. R. de l'agriculture, à Vienne. — Ouvrages : Pläne landwirth schaftlicher Bauten des Kleingrundbesitzes in Oesterreich. Herausgegeben vom K. K. Ackerbau-Ministerium. Gesaimmelt und erläutert von Arthur Freiherrn v. Hohenbruck, K. K. sectionsrath im K. K. Ackerbau — Ministerium. Mit 50 Bauplänen, Wien, 1878. (Plans de construction rurale en Autriche (maisons de paysans et de petits cultivateurs, fermes, métairies, etc.), publiés par le ministère I. R. de l'agriculture, Vienne, 1878. (Paris, veuve A. Morel et C.) — Le ministère I. R. de l'agriculture a fait exposer les plans coloriés de cet ouvrage dans la section autrichienne, groupe II, classes 8 et 15. — Modèles d'une ferme de la Haute-Autriche et d'une maison de paysans de la Galicie. — Vases en bois, spécimens de l'industrie domestique en Carniole.

Müller (D F.**)**, professeur de l'Université, vice-président de la société d'anthropologie, Vienne, Marxergasse 24/A. — Ouvrages : Die sprache der wollhaarigen Raçen, Wien,

1877. (Les langues des races à cheveux laineux.) — Allgemeine Ehtnographie. Wien, 1873. (Ethnographie universelle.)

Musée d'industrie à Cracovie (Galicie). — Broderies sur toile confectionnées et portées par les paysannes de la Podolie, de la Volhynie et de l'Ukraine.

Przybyslawski (L.), membre correspondant de la Commission anthropologique de l'Académie des sciences de Cracovie. — Spécimens des broderies en couleurs appliquées sur les collets et les manches des chemises des paysans ruthéniens de Pokucie. Objets de l'industrie domestique des Houtsoules (montagnards ruthéniens de la Galicie), étriers en bois, pipes de pierre polie, ornements en laiton, etc.

Ramsauer (J.-M.), ingénieur-adjoint I. R. à Ischl (Haute-Autriche). — Modèle et plan d'un chalet des Alpes de la Haute-Autriche aux environs des lacs de Gosau.

Sembera (Dr A.-A.), professeur de l'Université, à Vienne, Bergstrasse, 20. — Ouvrages : Die Westslaven in der Vorzeit. Wien, 1868, mit einer Karte von Germanien und Illyrien im 2. Jahrhundert N. Ch. Texte Bohême (Les Slaves occidentaux dans l'antiquité.) — Ueber die Zahl und Wohnsitze der Böhmen, Mähren und Slovaken; ein Beitrag zur böhmisch-slavischen Ethnographie, Prag 1877. Texte en langue bohême. (Le nombre et la distribution goégraphique des Bohêmes, des Moraves et des Slovaques.) — Cartes : Ethnographische Karte von Mähren und Schlesien, 4 Blätter, Wien, 1878. (Carte ethnographique de la Moravie et de la Silésie.) — Ethnographische Karte des slavischen Länder von Paul Safarik, Prag, 1842. (Carte ethnographique des pays slaves, par P. Safarik.)

Sigl (I.), ingénieur, à Eger (Bohême). — Modèle et plans d'une ferme ancienne du district d'Eger (Bohême). — Plans d'une ferme moderne de la même contrée.

HONGRIE.

Korosi (J.), directeur du bureau municipal de statistique de Budapest. — Cinq tableaux :
âge des décès à Budapest, 1874-1877. — Âge des décès dans trents-six grandes villes.
— Naissances et décès dans trente grandes villes de l'Europe et de l'Amérique. —
Causes des décès dans trente et une grandes villes. — Causes des décès à Budapest,
1874-1877.
    LIVRES : Die Königl. Freistadt Pest. — Statistique internationale de grandes villes :
Mouvement de la population. — *Idem* : Finances. — Sterblichkeit in Pest, 1872-1873.
— *Idem* : Budapest, 1874-1875. — Ueber Mortalitäts tabellen. — Mittheilungen uber
individuelle Mortalitäts beobachtungen. — Bewegung der Bevölkerung in Pest. — Die
Choleraepidemie in Pest, 1872-1873. — Influence des habitats sur la durée de la vie.

Pulzki, directeur des Musées, à Budapest. — Nombreuses séries d'objets en cuivre,
trouvés en Hongrie, appartenant au Musée archéologique de Budapest.

BELGIQUE.

Jeansens (D^r), inspecteur du service de santé de la ville de Bruxelles. —Diagrammes indiquant par mois la répartition moyenne et les principaux mouvements de la population : décès pour le premier âge, l'âge adulte, l'âge sénile; mortalité par maladies déterminées, sporadiques ou épidémiques; durée des mariages, moyenne des naissances, etc. Cartes indiquant la densité de la population, la mortalité dans ses rapports avec les maladies, l'agglomération, etc. Plan de Bruxelles indiquant la topographie de tous les cas de décès causés par la variole et la fièvre typhoïde en 1876. — Tableaux graphiques relatant les rapports entre la mortalité et les principales circonstances météorologiques.

Livres : Collection complète d'annuaires de la mortalité, ou tableaux statistiques des mouvements de la population de Bruxelles pendant les années 1862-1874.

Annuaire de la mortalité, ou tableaux statistiques des mouvements de la population de Bruxelles en 1875 (14ᵉ année).

Le même pour l'année 1876 (15ᵉ année).

Le même pour l'année 1877 (16ᵉ année).

Topographie médicale et statistique démographique de Bruxelles (1864–1866).

Collection complète de Bulletins hebdomadaires de statistique démographique et médicale (1870 à 1875).

Collection des Bulletins hebdomadaires de statistique démographique et médicale (1876).

Collection des Bulletins hebdomadaires de statistique démographique et médicale (1877).

Tableau synoptique de la mortalité par professions et par maladies pendant la période décennale 1864-1873.

Carton contenant tous les diagrammes, tableaux statistiques, etc., publiés depuis 1864.

Lebon (L.), ancien chef de la Direction de l'enseignement primaire, chef du bureau de la Statistique générale de Belgique. — Diagramme circulaire présentant la statistique comparative des provinces de Belgique à dix points de vue démographiques différents : mariages, naissances, instruction, criminalité, suicides, etc.

Livres : Répertoire historique, analytique, statistique et raisonné de l'enseignement populaire en Belgique.

La guerre à l'ignorance.

La paix sociale.

Rapports triennaux sur la situation de l'instruction primaire en Belgique.

Annuaires statistiques de la Belgique.

Aperçu général de la situation du royaume.

DANEMARK.

DÉLÉGUÉS : MM. SOPHUS MULLER ET VALDEMAR SCHMIDT.

Musée des antiquités du Nord, à Copenhague. Délégués : MM. Sophus Muller et Valdemar Schmidt. — Nombreuses séries de dessins représentant les découvertes de l'âge du bronze et de l'âge du fer en Danemark.

Schmidt (V.), professeur à l'Université, à Copenhague, palais du Prince. — Le Danemark à l'Exposition universelle de 1867. Paris, 1868, in-8°.

ESPAGNE.

Délégué : M. TUBINO.

Musée archéologique national. — Armes et instruments : silex taillés, haches, pointes de flèches en silex, haches polies de jade et de diorite, polissoirs, percuteurs, mortiers, poteries, ossements et crânes humains remontant aux époques paléolithique et néolithique. — Collection de haches, d'épées, de pointes de flèches, d'enseignes militaires de l'âge du bronze. — Collection de haches en diorite et de pointes de flèches en obsidienne de provenance américaine. — Armes en bronze de provenance péruvienne.— Collection de fétiches préhistoriques rapportés d'Amérique. — Vestiges des antiquités de Palenqué. — Crânes et débris d'ossements humains. — Fétiches et vêtements divers en usage au Chili. — Poteries représentant des figures humaines, d'origine péruvienne. — Collections de poteries péruviennes émanant de la Commission du Pacifique. — Ustensiles divers. — Pierres à moulin d'origine guanche.

Collection particulière des ingénieurs des mines de Madrid. — Collection de haches et de pointes de flèches de l'âge quaternaire. — Haches néolithiques de jade oriental, de diorite et de quartzite. — Marteaux. — Crânes et maxillaire inférieur humains pénétrés de carbonate de cuivre.

Musée des sciences. — Crâne provenant de Iglesuela del Cid. — Deux crânes provenant de la partie orientale de l'île de Cuba. — Photographie d'une momie de Guanche provenant des îles Canaries.

Comité des études et Conservatoire des objets d'histoire naturelle extraits du Pacifique.— Chevelures des indigènes de l'Amérique.— Une tête d'Indien embaumée. — Série de momies péruviennes et mobilier funéraire trouvé dans leurs sépultures. — Haches et flèches indiennes. — Collection complète des publications de la Commission.

Tubino (F.), secrétaire général de la Société d'anthropologie espagnole. — Série de crânes humains de Burgos, de Sobron, de Guipuzcoa, de Alava, de Galicia. — Mâchoires humaines provenant de Sobron.

Macpherson (G.), à Séville. — Collection d'objets préhistoriques recueillis dans les cimetières de Alhama de Granada. — Série d'instruments en pierre de même provenance et de Alanis, de San Nicolas (Sevilla), de Chiclana (Cadiz). — Hache perforée de quartzite trouvée dans le cimetière de Alhama (Granada).

Musée anthropologique du docteur don Pedro Gonzalez de Velasco. — Collection d'objets très variés, tels que : poteries préhistoriques de Trujillo et des Indes, et fétiches indiens, flore d'Amérique, monnaies, squelettes d'animaux, mannequin anatomique, pièce de cristal de roche, fer magnétique de l'Escurial, armes des naturels des Philippines, coquillages, fœtus humains, crânes de fœtus, haches de pierre de différentes localités, fétiches de bronze, etc.

Chil y Naranjo (Dr G.), à Las Palmas (îles Canaries). — Un moulin à main des îles Canaries. — Mortiers de pierre. — Collection de pièces de céramique. — Collection de momies. — Quarante-neuf crânes de Guanches. — Collection de maxillaires inférieurs, de vertèbres, d'omoplates, de péronés, de radius, de calcaneums, d'astragales, de fémurs, de tibias, d'humérus.

Comité anthropologique de Valence. — Poteries, urnes, vases, bracelets. (Collection de D. Jose Llano.) — Haches et autres instruments en pierre ; amulettes. (Collection de D. Miguel Velasco y Santos.) — Haches et hachettes découvertes dans diverses régions de la province d'Albacete, pointes de lance de fer et de bronze, grande hache de diorite. (Collection de D. Nicolas Ferrer y Julve.) — Haches, série d'objets divers, flèches, etc., débris d'ossements humains, omoplates, maxillaires supérieurs, débris d'ossements d'animaux carnassiers. (Collection de D. Jose Vilanova y Piera.) — Cent objets divers : fragments de poteries, débris humains, percuteurs, etc., découverts dans une station préhistorique. (Collection de D. Francisco Polop.) — Haches trouvées dans la province de Malaga et dans celle d'Alicante. (Collection de D. Alezandro Cerda.) — Haches de pierre et de bronze et objets divers trouvés dans la province de Valence. (Collection du Musée archéologique provincial.) — Urne cinéraire, fragments d'os calcinés, bracelets, fibules de fer et de bronze. (Collection de D. Jose Llano.)

Comité général pour l'Exposition de Paris, président El Ulmo Sr D. Jose de Cardenas. — Projet d'une carte linguistique de la Péninsule. — Photographies et aquarelles représentant un monument mégalithique de l'île de Minorque. — Plan archéologique de la même île. — Aquarelles représentant les monuments mégalithiques de la province d'Alava. — Aquarelles représentant les monuments de pierre d'Avila, de Ségovie, etc.

Collection ethnographique espagnole. — Photographies représentant les types caractéristiques de toutes les régions de l'Espagne.

Administration supérieure des îles Philippines. — Collection d'armes indigènes. — Crânes indigènes.

D. Celestino Brananova, à Oviedo. — Collection d'armes japonaises.

D. Frederico de Botilla, à Madrid. — Cartes des mers préhistoriques d'Espagne.

ÉTATS-UNIS D'AMÉRIQUE.

Bandelier (A.-F.), à Highland (Illinois, E. U.).

LIVRES : On the Art of war and mode of warfare of the ancient Mexicans. Cambridge, 1877, in-8°.

On the distribution and tenure of lands and the customs with respect to inheritance among the ancient Mexicans. Salem, 1878, in-8°. (Extrait du Rapport du musée Peabody d'archéologie et d'ethnologie).

Hayden (D^r), chef du service géologique des territoires. à Washington. — Représentation d'habitations sous rocher. — Habitations sur plateau dans la plaine, et tour circulaire du Colorado : huit reproductions en plâtre. — Moulages de poteries modernes de l'Arizona. — Quatre photographies (grandeur naturelle) de Peaux-Rouges. — Cartes et panoramas du Colorado.

Haynes (H.-W.), professeur à Boston (États-Unis). — Silex taillés des bains de Hélouan, des environs du Caire et de Luxor. (Parmi ces derniers se trouvent des types franchement acheuléens.)

Walker, superintendant du Census, à New-York. — Atlas statistique des États-Unis d'Amérique, basé sur les résultats du cens en 1870.

ITALIE.

Direction générale de statistique du royaume d'Italie, directeur
M. le professeur Louis Bodio. — Sept tableaux relatifs à la densité, au mouvement de
l'état civil, à la mortalité, etc., de la population italienne.

> Livres : Recensement des anciens États italiens, 1858 et 1859. — Recensement de 1861.
> — Mouvement de l'état civil pour les années 1862 à 1876, 15 vol. — Annales de
> statistique de 1870 à 1877, 7 vol. — La statistique et la science sociale. — De la
> colonisation et de l'émigration. — Archives de statistique, 1876. — Archives de sta-
> tistique, 1877. — Bulletin démographique et météorologique de la ville de Rome,
> 1877.

Ascoli (G.-J.), professeur, à Milan. — Archivio glottologico italiano, vol. III, 1ʳᵉ partie,
1874, in-8°. — Vol. II, 3ᵉ partie, 1876, in-8°. — Studi critici, tome II, 1877,
in-8°.

Bellucci (Dʳ G.), professeur à l'Université de Pérouse (Italie). — Nombreux silex taillés
de divers ateliers paléolithiques et surtout néolithiques et haches polies des environs de
Pérouse. — Objets en silex trouvés dans différentes parties de l'Ombrie. — Silex taillés
de la Tunisie.

Capellini (G.), professeur à l'Université de Bologne (Émilie).

> Ossements incisés de ballinoptères provenant des terrains tertiaires, miocènes et pliocènes
> de la Toscane : moulages et figures.

> Livres : Armi e utensili di pietra del Bolognese. Bologne, 1870, in-4°.

> L'eta della pietra nella valle della Vibrata. Bologne, 1871, in-4°.

> L'uomo plioceno in Toscana. Bologne, sans date, in-8°.

Garbiglietti (A.), professeur agrégé à la Faculté de médecine, à Turin (Piémont).

> Livres : Intorno all' opera del dott. G. Carus. Turin, 1862, in-8°.

> Relazione sopra due memorie del dott. o Maschi. Turin, 1863, in-8°.

> Sopra due memorie paleoethnologiche del dott. Giust. Nicolucci. Turin, 1864, in-8°.

> Intorno all'opuscolo del dott. Barnard Davis, sul Cranio de Neanderthal. Turin. 1865,
> in-8°.

> Di una singolare o rara anomalia del osso jugale. Turin, 1866, in-8°.

> Sopra alcuni recenti scritti di craniologia etnografica del dott. Niccolucci e B. Davis.
> Turin, 1866, in-8°.

> Il cervello di un negro della Ghinea pel dott. B. Davis. Turin, 1868, in-8°.

> Sull' anthropologia della Grecia. Turin, 1868, in-8°.

> Intorno al cranio di Dante, lettera del prof. E. Welcker al dott B. Davis Relazione.
> Turin, 1868, in-8°.

> Sopra il cranio ed encephalo di un idiota, memoria di Paolo Gaddi. Turin, 1868, in-8°.

> Intorno all' opera dei dott. J. Barnard, Davis et J. Thurnam, *Crania Britannica*. Turin,
> 1869, in-8°.

Ricerche intorno alla conformazione del bacino delle donne giavanesi dal dott. Zaaijer. Turin, 1866, in-8°.

Note ed osservazioni anatomico fisiologiche intorno alla memoria del dott. Enrico Morselli, sopra una rara anomalia del osso malare. Turin, in-8°.

Lioy (P.), à Vicense (Vénétie).

Le abitazioni lacustri. Venise, 1876, in-fol.

Maggiorani (C.), sénateur, professeur à la Faculté de médecine, à Rome.

LIVRES : Nuovo saggio di studii craniologicci sull' antica stirpe romana e sulla etrusca. Rome, 1862, in-4°.

Reminiscenze antropologische della Sicilia. (Extr. della R. acad. dei lincei, sessione I.)

Morselli (E.), médecin des hôpitaux à Florence (Toscane).

LIVRES : Sopra una rara anomalia del osso malare. Modène, 1872, in-8°.

La Neogenesi. (Extr. del Archivio per l'antropologia.) Florence.

Alcuni osservazioni sul crani siciliani. (*Ibid.*)

Sopra el cranio scafoïde. (*Ibid.*)

Sulle fontanelle anormale del cranio. Modène. (*Ibid.*)

Sulle scalocefalismo. Florence, 1875, in-8°.

Sul peso del cranio e della mandibola in rapporto col sesso. Florence, 1875, in-8°.

Nicolucci (G.), à Isola di Sora, près Naples (Napolitain).

LIVRES : De alcune armi ed ustensili in pietra rinvenuti nelle provincie meridionale dell' Italia e delle popolazioni nei tempi antestorici. Naples, 1863, in-8°.

La stirpe ligure in Italia. Naples, 1864, in-4°.

Sui crani rinvenuti nelle necropoli di Marzabotto e di Villanova. Isola di Sora, 1865, in-8°.

Sulla stirpe Japigica e sopra tre crani. Naples, 1866, in-4°.

Il cranio di Dante Alighieri, lettera al D. Pruner-Bey. Isola di Sora, 1866, in-8°.

Sull' antropologia della Grecia. Naples, 1867, in-8°.

Antichita dell' uomo nell' Italia centrale. Naples, 1868, in-4°.

Antropologia dell' Etruria. Naples, 1869, in-8°.

Pagliani (D'), professeur à l'Université de Turin (Piémont). — Anthropométrie de l'Italie : 1° Influence de la race sur le développement de la taille des garçons et des filles de six à vingt ans (courbes de la croissance moyenne des élèves des écoles élémentaires); 2° développement physique des jeunes filles par rapport à l'époque de la première menstruation; 3° influence du sexe et du genre de vie sur la rapidité du développement physique de l'organisme humain de six à vingt ans; 4° développement physique moyen progressif par sexe de l'organisme humain de trois à vingt ans.

Rameri. — Étude sur le dénombrement de la population italienne, âge par âge, en 1870.

Zannoni (A.), ingénieur chargé des fouilles de la ville de Bologne, à Bologne (Italie). — Gli scavi della Certosa di Bologna (4 livraisons, in-fol.).

PAYS-BAS.

Dirks, président de la Société Frisonne d'archéologie, à Leeuwarde (Frise). — Haches polies en silex et autres roches. — Marteau. — Haches en pierre et poignard en silex. — Canons de cheval servant de patins. — Instruments, fusaïolles et peignes en os. Perles en pâte de verre. — Poteries diverses. — Sculptures grossières d'un ours en pierre. — Statuettes romaines en bronze. — Photographies de dolmens et dessins archéologiques.

Livres : Friesche oudheden. Afbeeldingen van merkwaardige Voorwerpen van Wetenschap en Kunst gevonden in de Archieven, Kerken, Kasteelen, terpen enz. Van Friesland. Leeawarden, 1871, in-fol.

Foek (H.-C.-A.-L.), docteur en médecine, à Utrecht.

Livres : Anatomie comparée ou le canon de Polyclète retrouvé. Atlas, Utrecht, 1866, gr. in-fol.

Symmetrie of bevallige proportien. Utrecht, 1875, in-fol.

Pleyte (W.), à Leyde (Hollande méridionale).

Livres : Nederlandsche Oudheden van de vroegste tijden toff of karel den Groote. Leyde, 1877, in-fol.

Sasse, docteur, à Zaandam (Hollande septentrionale). — Collection de crânes hollandais.

PORTUGAL.

Délégué : M. C. RIBEIRO.

Section des travaux géologiques (Représentant : M. l'ingénieur RIBEIRO), à Lisbonne. — Ossements des cavernes. — Silex tertiaires miocènes et pliocènes de la vallée du Tage. — Ossements humains des cavernes. — Mobilier funéraire, ossements et objets de trois dolmens et de deux grottes funéraires. — Poteries, instruments en pierre, perles en calaïs, nucléus en cristal de roche, pointes de flèches en silex et en cristal de roche, plaques de schiste gravées, pointes de flèches en bronze, série de crânes et d'ossements humains, etc.

Société royale des architectes et archéologues portugais (Représentant : M. DA SYLVA), à Lisbonne. — Silex des cavernes de la pierre polie, haches en pierre polie et haches en bronze. — Moulages de haches en pierre, de mâchoires et de crânes humains et d'ossements des cavernes.

Sylva (J. da), architecte de S. M. le roi de Portugal, à Lisbonne. — Photographies de paysans. — Photographies du musée du Carmo. — Sculptures de diverses époques.

RUSSIE.

Délégué : M. ANOUTCHINE.

———

Société impériale des Amis des sciences naturelles, d'anthropologie et d'ethnographie, à Moscou. — Mannequins : peuples du Nord; sept mannequins faits par M. le sculpteur Sevrughine, deux Lapons en costume d'hiver; deux Laponnes, une fille en costume d'hiver et une femme mariée en costume d'été; deux Samoyèdes, un en costume d'hiver, l'autre en costume d'été. — Peuples du Turkestan russe, sept personnages : un kinghise, une femme sarte, un Sarte, mardecaire (manœuvre), un douvana (moine-mendiant), un Irani (Persan), un Hindou, un Afghan. — Tartares : deux tartares de Kazan, mannequins faits par M. Sevrughine, sculpteur de la Société. — Tsiganes (bohémiens) de Moscou : deux mannequins faits par M. Sevrughine.

Statues, bustes et masques de différents peuples : une statue (moulage d'après nature) d'un mulâtre, né à Moscou, fait par M. Sevrughine; trois bustes de Lapons, dont l'un d'une femme avec sa coiffure d'été; trente masques de différents peuples du Caucase, des Kalmouks et des Tsiganes, faits d'après nature, par M. Sevrughine, sculpteur de la Société.

Squelettes et préparations anatomiques : Squelette d'une femme Samoyède de la presqu'île de Kanine (expédition de M. Zograf); squelette de femme, provenant d'un ancien tombeau de la partie méridionale de l'île Sakhaline; squelette provenant d'un kourgane du gouvernement de Moscou (fouilles de M. le professeur Bogdanoff); deux squelettes, provenant du gouvernement de Poltava (fouilles de M. le professeur Samorvasoff); squelette, provenant d'un kourgane, près de la ville de Piatigorsk, gouvernement de Stravropol (Caucase), fouilles de M. Kercelli. — Seize modèles en cire des hémisphères du cerveau de l'homme adulte, faits par M. le professeur Zernoff, d'après les originaux du musée anatomique de l'Université de Moscou, pour montrer les variétés des scissures cérébrales typiques.

Modèles de kourganes (tumuli) et de tombeaux, faits par M. Sevrughine : modèle d'un kourgane dans la Russie centrale, près du village de Pokrow, district de Podolsk, gouvernement de Moscou, fouillé par M. Bogdanoff. (Ces kourganes remontent aux ixe et xie siècles de notre ère.) Modèle du même kourgane ouvert, fait pour montrer la manière de faire systématiquement les fouilles et la position des squelettes. — Modèle d'un kourgane du gouv. de Moscou, près du village de Setoune, avec le squelette en place dans son tombeau et tout le mobilier funéraire. — Modèle d'un simple kourgane, près de la Stanice (village de Kozakes), de Goriatchevodsk, district de Piatigorsk (Caucase), fouillé par M. Kercelli. — Squelette de ce kourgane dans son tombeau, avec tout le mobilier funéraire. — Modèle des tombeaux du cimetière de Samtkawo, près de Mzketa, gouvernement de Tiflis (Caucase), fouillés par M. Kercelli. (Ces tombeaux datent probablement du ive siècle avant J. C.). — Modèle d'un tombeau ancien, découvert et fouillé par M. Filimonoff, dans le pays des Ossetks ou Ossethiens, près du village de Haut-Cobane. — Modèle d'un autre ancien tombeau, fouillé par M. Filimonoff, dans le même pays.

Fac-similé des « femmes en pierre » (babas), statues des temps préhistoriques de la Russie méridionale. Huit fac-similés de différents types et grandeurs.

Collection d'anciens instruments en pierre. Collection d'éclats et d'instruments grossiers en silex, provenant d'une station préhistorique sur les bords de la mer Blanche, près du village Zimnaya-Zolotitza, à 150 kilomètres au nord d'Arkhangel; deux cartons. — Collection de pointes de flèches et de lances en silex, admirablement taillés, provenant des bords de la rivière d'Oka, district de Maurow; deux cartons. — Collection des anciens instruments en pierre, très grossiers, trouvés dans la partie méridionale de l'île de Sakhaline. Ces instruments ont été usités probablement par les ancêtres des Aïnos; un carton. — Collection des haches et des marteaux perforés, trouvés dans les différentes localités de la Russie d'Europe; un carton.

Collection des spécimens d'objets qu'on trouve dans les kourganes (tumuli) du gouvernement de Moscou. Six cartons, formant une partie de la collection de M. le professeur Bogdanoff : bracelets, plaques, pendeloques, torques, bagues, grelots, etc. en argent et en bronze; colliers de perles; morceaux d'étoffes, etc.

Costumes, ornements et autres objets ethnographiques. Ornements de femmes et d'enfants de Khiva (Turcomanes) : « kawara » ou bonnet d'une fille turcomane, orné d'un grand nombre de pierres et de pendeloques; diadèmes, plaques pour les cheveux, colliers, boucles d'oreilles, ornements attachés des deux côtés du visage, talismans, bagues, etc. en argent, en bronze et en fer-blanc. — Costumes de Khiva et de la province de Syr-Daria (Turkestan russe) : khalaves, camisoles, chemises, calottes, bottes brodées, bonnets fourrés, ceintures, écharpes, mouchoirs, habits de femmes et d'enfants, etc. — Quelques attributs de chasse. — Dessins d'ornements (faïences peintes, 13 fac-similés in-folio). — Vues du Turkestan (14 lithographies), faites par M. Savrasoff d'après les dessins de Mᵐᵉ Olga Tedtchenko. — Quelques objets des Samoyèdes et 12 photographies des objets rapportés ou étudiés par M. Kelsieff, lors de son voyage dans la Laponie.

Publications de la Société. Voyage dans le Turkestan, par M. A. Tedtchenko; 14 livr. in-4°, avec plusieurs planches. — Bulletin de la section d'anthropologie, 2 vol. — Recueil d'articles concernant l'anthropologie et l'ethnographie de la Russie et des pays limitrophes, 2 livraisons. — Travaux de la section d'ethnographie, 2 vol. — Exposition ethnographique de 1867, ouvrage orné de plusieurs photographies. — Le Turkestan russe. Recueil d'articles concernant la géographie, l'ethnographie, la statistique et la politique de ce pays; 3 livraisons. — Exposition anthropologique de 1879. Procès-verbaux des séances du Comité d'organisation avec plusieurs appendices (articles et rapports), 7 livraisons.

Commission archéologique de Kazan.

Congrès archéologique de Kazan. Kazan, 1877, in-8°.

Musée pédagogique du Ministère de la guerre (Directeur : le général Kaͷovsky). — Tableaux statistiques concernant les conditions hygiéniques et la distribution des maladies dans les établissements scolaires du Ministère.

Bogdanow (A.), professeur à l'Université de Moscou.

Livres : Matériaux pour l'anthropologie de la période des tumulus, arrondissement de Moscou (en russe). Moscou, in-4°.

L'anthropologie et l'Université (en russe). Moscou, 1875, in-8°.

Esoutchevsky, membre de la Société impériale des amis des sciences naturelles, à Moscou. — Appareil photographique disposé pour glaces à collodion sec et employé par les membres de la Société dans leurs excursions anthropologiques.

Janson, professeur à l'Université de Saint-Pétersbourg. — Cartes et tableaux démographiques. — Représentations graphiques de la natalité, de la mortalité et de la nuptialité dans la Russie d'Europe.

Rittich, officier d'état-major, membre de la Société impériale de géographie. — Carte ethnographique de la Russie d'Europe. — Carte ethnographique du Caucase. — Carte

indiquant la prépondérance des nationalités dans les différentes parties de la Russie
d'Europe. — Carte ethnographique spéciale pour les provinces polonaises et le Gouvernement de Kazan. — Atlas ethnographique des gouvernements occidentaux. — Aperçu
général des travaux ethnographiques accomplis en Russie dans les dix dernières années
(Brochure).

Samokvasoff, professeur à l'Université de Varsovie, membre de la Société impériale des
amis des sciences naturelles et d'anthropologie de Moscou. — Collection de différents
objets provenant des gouvernements de Kiev, de Tchernigov, de Poltava, de Kourse,
ainsi que des stations préhistoriques des environs de Varsovie. — Quarante-sept cartons
renfermant plus de quinze cents objets en os, en pierre, en bronze, en argent, en or, en
fer; des restes de cheveux et de vêtements; des colliers de perles, etc.

Weckianoff (T.), à Saint-Pétersbourg.

Recherches sur les conditions anthropologiques de la production scientifique et esthé-
tique. Fascicules I et II. Saint-Pétersbourg, 1805, in-8°, 3ᵉ section. Paris, 1873, in-8°.

FINLANDE.

Délégué : M. ASPELIN.

Aspelin (J.-R.), assistant aux archives du Grand-Duché, à Helsingfors. — Nombreuse série de crânes finlandais. — Carte archéologique de la Finlande. — Séries de divers objets anciens représentant les diverses époques préhistoriques du pays.

Antiquités du Nord, Finno-Ougrien. In-4°, diverses livraisons, nombreuses planches.

SERBIE.

Jakchitch, directeur de la statistique de Serbie, à Belgrade, au Ministère des finances. — Cartes de la division politique de la Turquie d'Europe, de la densité de la population dans la Turquie d'Europe, de la distribution de la population chrétienne, de la distribution de la population mahométane, de la population selon l'idiome parlé.

VALACHIE.

Kopernicki (V.), professeur à l'École de médecine, à Bucharest.

LIVRES : Anatomiczno antropologiczne postrzézenia nad murzynem. Cracovie, 1870, in-8°.

O Dzielach Jana Z Glogowa majacych stycznosc z antropologija. Cracovie, 1870, in-8°.

Ueber den Baul' der Zigeunerschœdel. Brunswick, 1872, in-4°. (Ext. de Archiv fur Anthropologie).

The Prehistorie Antiquities of the Caucasus. (Sans lieu, ni date), in-8°.

Sur la conformation des crânes bulgares. Paris, 1875, in-8°. (Extrait de la Revue d'anthropologie.)

Le Congrès d'anthropologie et d'archéologie préhistorique de Pesth (en polonais). Varsovie, 1876, in-8°.

On the Scaphoïd Skull of a pole. Londres, 1877, in-8°.

Obedénare (G.), professeur à l'Université de Bucharest.

La Roumanie économique d'après les données les plus récentes. Paris, 1876, in-8°.

SUÈDE.

Société suédoise d'anthropologie et de géographie, à Stockholm. — Hache acheuléenne (?) en silex. Série de haches polies, depuis l'ébauche la plus grossière jusqu'à la pièce la mieux polie, en silex. — Haches polies en roches diverses. — Gouges et ciseaux en silex. — Marteau-haches en roches diverses de formes très variées. — Tranchets, lames, lances, poignards, scies, pointes de flèche, en silex. — Polissoirs en grès.

Berg (D^r), directeur du bureau de statistique de Suède, à Stockholm. — Coefficients de mortalité par état civil et par âge, 1870. — Décroissance progressive des générations quinquennales, 1750-1870. — Population par état civil, par âge et par sexe, 1870. — Nombres relatifs des deux sexes par âge aux recensements, 1751-1870. — Densité de la population par districts, 1854. — Distribution géographique de quelques infirmités (fièvre intermittente, vers intestinaux, éléphantiasis des Grecs, scrofule). — Diagramme indiquant le nombre des nés vivants et de leurs survivants pour chaque sexe séparé, 1750-1875.

Düben (G. von), professeur à l'École de médecine, à Stockholm.

LIVRES : Om Lappland och Lapparne företrädesvis de Svenske. Ethnografiska studier. Stockholm, 1873, in-8°.

Montelius (O.), conservateur au musée d'archéologie à Stockholm.

LIVRES : Bibliographie de l'archéologie préhistorique de la Suède pendant le XIXe siècle. Stockholm, 1875, in-8°.

Sur l'âge du bronze en Suède. Stockholm, 1875, in-8°.

Sur les tombeaux et la topographie de la Suède pendant l'âge de la pierre. Stockholm, in-8°.

Sur les différents types des haches en silex suédoises. Stockholm, in-8°.

Sur les souvenirs de l'âge de la pierre des Lapons en Suède. Stockholm, in-8°.

Nilsson (S.)., professeur à l'Université, à Lund.

LIVRES : Skandinaviska nordens ur-invånare, ett försök à komparativa Ethnografien och bidrag till menniskoslägtets utvecklings historia. Stockholm, 2 vol., 1862-1866, in-4°.

Les habitants de la Scandinavie. Essai d'ethnographie comparée, 1re partie. L'âge de la pierre, traduit du suédois. Paris, 1868, in-8°.

SUISSE.

Bureau fédéral de statistique de Berne, Directeur : M. KUMMER. — Mouvement de la population en Suisse, 1876.

Desor (E.), professeur à Neufchâtel. — Stations lacustres de la pierre : haches et marteaux-haches en pierre, lames, scies, pointes de lance et pointes de flèche en silex, fusaïolles en pierre, gaines de haches et autres instruments en bois de cerf. — Divers instruments en os. — Canines percées, etc. — Stations lacustres de l'âge du bronze : haches, ciseaux, marteaux, pointes de lance, lames de poignard, couteaux, faucilles, rasoirs, pointes de flèches, hameçons, anneaux, bracelets, boutons, épingles, fibule, pendeloque, etc., en bronze. — Perles en verre et en ambre. — Stations lacustres de l'âge du fer : épées avec leur fourreau, pointes et bases de lance, ombo et bouclier, faucilles, haches, rasoirs, fibules, boucle et agrafes, pinces à épiler, etc., en fer. — Planches de l'ouvrage intitulé : *Le bel âge du bronze.* — Pinces pour pêcher les lacustres.

Dunant (D'), professeur à l'Université de Genève. — Tableaux coloriés représentant les mouvements comparés des portions génevoises (ou ancienne) et étrangère (ou immigrée) de la population de la ville de Genève, pendant les trente années 1847 à 1876 qui ont amené une forte immigration d'étrangers ou de Suisses d'autres cantons. — Livres : publications statistiques, 1 vol. — Tableaux numériques relatifs aux tableaux coloriés précédents. — De la taille moyenne des habitants du canton de Genève, 1867. — De la taille moyenne des habitants du canton de Fribourg, 1869. — Des causes de décès à Genève en 1872. — Mouvements de la population de la ville de Genève, 1876. — Influence de l'immigration de la population des campagnes dans les villes. (Mémoire lu au Congrès international des sciences médicales de Genève, le 11 septembre 1877.)

Forel, à Morges, canton de Vaud.

Les habitations lacustres, par Troyon, 1 vol. in-8°.

Gosse (H.-J.), docteur en médecine, à Genève.

LIVRES : Sur des silex taillés trouvés dans le bassin de Paris. Paris, 1860, in-8°.

Suite à la notice sur d'anciens cimetières trouvés soit en Savoie, soit dans le canton de Genève et principalement sur celui de la Balme, près la Roche-en-Faucigny. Genève, 1857, in-8°.

Essai sur les déformations artificielles du crâne, par Gosse (L.-A.). Paris, 1855, in-8°.

Rapport sur les questions ethnologiques et médicales relatives au Pérou, par le même. Paris, 1861, in-8° (Extrait du bulletin de la Société d'anthropologie de Paris).

Keller (F.), président de la Société des antiquaires de Zurich :

LIVRES : Pfahlbauten, 7 rapports. In-4°.

Nachgrabungen auf dem Uetliberg. In-4°, 1839.

Alt helvetische Vaffen und gerathschaften aus der Sammlung des Herren Alt-Landammann Lohner in Thun. In-4°.

Allgemeine Bemerkungen über die Heidengräber in der Schweiz. In-4°, 1846.

Beschreibung der helvetischen Heidengräber und Todtenhügel welche seit dem Jahre 1836 eröffnet worden. In-4°, 1845.

Archæologische-Karte des Kantons Zurich. 1863.

Remarques sur le livre intitulé : Habitations lacustres des temps anciens et modernes, par Fréd. Troyon. In-4°, 1863.

Helvetische Denkmäler, I. In-4°, 1869.

Pelvetische Denkmaler. II. Die Zeichen oder Schaleusteine der Schweiz. Iu-4°, 1870.

Archäologische Karte der Ostschweiz. Petit in-4°, 1874, et grande carte.

Description de quelques refuges. In-8°, 1872.

Lieux de refuge des anciens Helvètes. In-8°, 1870.

Schmelztiegel für Kupfer aus der Steinzeit. (Creuset pour le cuivre trouvé dans une station de la pierre.) In-4°.

Vogt (C.), professeur à l'Université de Genève.

LIVRES : Vorselungen ueber den Menschen. Gies sen, 1863, in-8°.

Leçons sur l'homme, sa place dans la création et dans l'histoire de la terre. Traduction de l'allemand par Moulinié. Paris, 1865, in-8°.

Mémoire sur les microcéphales ou hommes singes. Genève, 1867, in-4°.

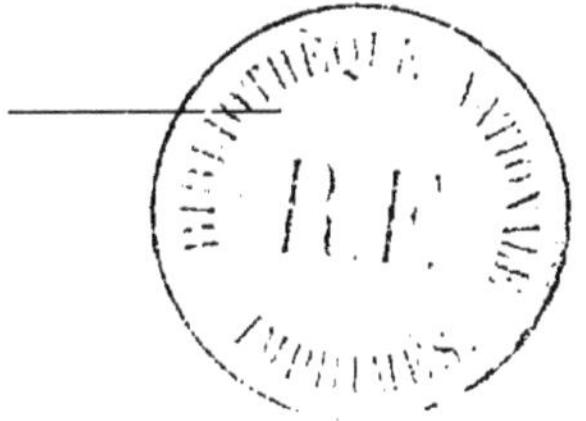

TABLE SOMMAIRE.